DAS JOHANNES-EVANGELIUM

(2025 r

AF890391

Friedrich Archan

© 2025 – all rights reserved
Ideen haben Rechte! Das Werk ist einschließlich aller seiner Teile urheberrechtlich geschützt.
Jede urheberrechtswidrige Verwertung ist unzulässig.
Alle Rechte sind vorbehalten, insbesondere die Rechte der gesamten Reproduktion/des Nachdrucks sowie der Verbreitung und Übersetzung. Kein Teil des Werkes darf in irgendeiner Form (weder durch Fotokopie digitale Verfahren sowie PC-Dokumentation) ohne schriftliche Genehmigung des Autors bzw. des Verlages reproduziert oder in Datenverarbeitungsanlagen sowie im Internet gespeichert werden.

Text: Friedrich Archan
Covergestaltung: Verlagshaus Schlosser
Umschlagabbildung: ChatGPT
Satz und Layout: Verlagshaus Schlosser
ISBN 978-3-7581-0233-2

Druck: Verlagsgruppe Verlagshaus Schlosser • Inhaber Florian Ebering
Geltinger Straße 21 • D-85652 Pliening
verleger@verlagshaus-schlosser.de • www.schlosser-verlagshaus.de

Printed in Germany

HINTERGRUND

Der Evangelist Johannes war - wie sein Vater Zebedäus - von Beruf Fischer am See Genezareth. Mit seinem Bruder Jakobus, der später, als Apostel, Jakobus der Ältere genannt wurde, schloss er sich früh der messianischen Bewegung an und wurde zuerst einmal Jünger des Vorläufers des Messias, des Johannes des Täufers. Dieser führte ihn später an die Seite des Messias, zusammen mit Andreas als dessen beide ersten Apostel. Nach vorübergehender Rückkehr zu seinem Fischer-Gewerbe wurde Johannes, zusammen mit Jakobus, endgültig zur Nachfolge Christi berufen. Auch Salome, die Mutter der beiden, schloss sich dauerhaft dem Messias an.

Jesus schätzte unter seinen Jüngern vor allem den Johannes hoch, so dass dieser als ‹der Jünger, den Jesus lieb hat› bekannt war. Ihm hat er vom Kreuz herab seine Mutter anvertraut. Nach Christi Himmelfahrt war Johannes, neben Petrus, mit dem ihn besondere Freundschaft verband, die maßgebende Persönlichkeit im Urchristentum. Der Christen-Verfolgungen in Israel wegen war er, zusammen mit den Frauen, von Israel nach Ephesus in die damalige römische Provinz Asia geflüchtet, eine Stadt, die mit ca. 250 000 Einwohnern eine der größten Städte der damaligen Welt war. Sie gehört heute zur Türkei.

Unter dem römischen Kaiser Domitian wurde Johannes von dort auf die Insel Patmos verbannt, wo ihn sein innerer Christus in einer Höhle die ‹Geheime Offenbarung des Johannes› schauen und hören ließ. Und noch auf Patmos, etwas später, auch das Johannes-Evangelium diktierte. Nachdem Johannes ca. drei Jahre auf Patmos verbracht hatte, hob der römische Kaiser Nerva Patmos als Verbannungsinsel wieder auf, so dass Johannes danach wieder nach Ephesus zurückkehren konnte, um in den dortigen in der Offenbarung genannten sechs Urgemeinden noch einige Zeit leben und wirken zu können. Er starb in der Zeit des römischen Kaisers Trajan.

Sein hohes Alter, er wurde um die 100, gab Anlass zu der Mär, dass Johannes unsterblich sei. Neueste Ausgrabungen in Ephesus haben aber unter der Kuppel der ehemals prächtigen Johannes-Basilika sein Grabmal freigelegt, das aus dem 2. Jh. stammt.

Vom Johannes-Evangelium ist 1935 die älteste Bibelhandschrift entdeckt worden, ein Blatt aus einem Papyruskodex, der nur einige Jahrzehnte jünger ist als die Originalschrift.

Das Evangelium spiegelt den Charakter des Apostels Johannes wider: seine innige Liebe und Treue zu Christus und einen festen Glauben an dessen Gottheit und Aufgabe als Erlöser bei der Heimholung der Fallwelt - und ein kämpferisches, stürmisches Temperament. Kein Apostelbild hat die Kunst so vielfältig gezeichnet wie das des vierten Evangelisten.

Um die Feinde des wahren Christusglaubens abzuwehren, aber auch, um den nach der Wahrheit suchenden Hellenen Christus als den menschgewordenen

Gottessohn zu verkünden, der sich selbst ‹der Weg, die Wahrheit und das Leben› nannte, hat Johannes, wie schon gesagt, noch auf Patmos von seinem inneren Christus auch das vierte Evangelium diktiert erhalten.

Prolog (Vorrede) Wie er in der Stuttgarter Kepplerbibel von 1936 steht. Das Johannes-Evangelium beginnt mit diesem berühmten Prolog über Jesus, den ‹Menschensohn›, das menschgewordene Wort Gottes (Wort = griech. logos):

PROLOG

Im Anfang war das Wort,
und das Wort war bei Gott,
und das Wort war Gott.
Dieses war im Anfange bei Gott.
Alles ist durch dasselbe geworden,
und ohne dasselbe ist nichts geworden, was geworden ist.
In ihm war Leben,
und das Leben war das Licht der Menschen.
Und das Licht leuchtet in der Finsternis,
aber die Finsternis hat es nicht erfasst.
Es trat auf ein Mensch, gesandt von Gott,
sein Name war Johannes.
Der kam zum Zeugnisse, um Zeugnis zu geben von dem Lichte,
damit alle durch ihn glaubten.
Er war nicht das Licht,
sondern sollte nur von dem Lichte Zeugnis geben.
Das wahre Licht, das jeden Menschen erleuchtet,

kam in diese Welt.
Er war in der Welt,
und die Welt ist durch ihn geworden,
und doch hat die Welt ihn nicht erkannt.
Er kam in sein Eigentum,
aber die Seinen nahmen ihn nicht auf.
Allen aber, die ihn aufnahmen,
gab er die Macht, Kinder Gottes zu werden,
ihnen, die an seinen Namen glauben,
die nicht aus dem Geblüte,
noch aus dem Willen des Fleisches,
noch aus dem Willen des Mannes,
sondern aus Gott geboren sind.
Und das Wort ist Fleisch geworden
und hat unter uns gewohnt,
und wir haben seine Herrlichkeit gesehen,
die Herrlichkeit als des Eingeborenen vom Vater,
voll Gnade und Wahrheit.
Johannes legt Zeugnis von ihm ab und ruft:
Dieser war es, von dem ich sprach:
Der nach mir kommen wird, ist mir zuvor gekommen,
denn er war früher als ich.
Und aus seiner Überfülle haben wir alle empfangen
Gnade um Gnade.
Denn durch Moses wurde das Gesetz gegeben,
durch Jesus Christus ist die Gnade und die Wahrheit geworden.
Gott hat nie jemand geschaut;
Der Eingeborene, (der) Gott (ist),
und im Schoße des Vaters ist,
er brachte uns die Offenbarung.

Wie ist das alles zu verstehen? Für unseren materiellen, menschlichen Verstand ist dieser Prolog nur schwer bis gar nicht zu verstehen. Ich versuche trotzdem eine Erklärung:

Am Anfang gab es allein den strömenden Ur-Geist, der bis heute das gesamte All erfüllt. Es gab und gibt nirgends im All einen leeren Raum, auch wenn das unsere Schulwissenschaft behauptet, weil sie den strömenden Ur-Geist in ihm nicht wahrnehmen kann.

In diesem Ur-Geist bildete sich zu einem bestimmten Zeitpunkt - so, wie es zu diesem Zeitpunkt vom Geist vorgesehen war - das Schöpfungs-Wort „Es werde", der logos. Und aus diesem heraus die gesamte Schöpfung inklusive dem Schöpfer selbst: Gott. Das Wort „Es werde" hat also zunächst Gott selbst, den Schöpfer-Gott, herausgebildet. Alles, was danach entstand, ist durch dieses Wort „Es werde" geworden. Die ganze Schöpfung. Und nichts ist ohne dieses Wort, ohne das „Es werde" des Schöpfer-Gottes, geworden, entstanden. Dieses Wort ist das strömende Leben des Urgeistes selbst, das Leben in den Menschen, das Licht der Menschen, das Leben in allen Schöpfungsformen. Und dieses Leben, dieses Licht, leuchtet jetzt in der vormals lichtlosen, formlosen Welt, der Finsternis, die vor dem Licht, dem Leben, dem „Es werde", gewesen ist und das All erfüllte.

Ein wahrlich geheimnisvoller Vorgang. Die Menschen können dieses Geheimnis mit ihrem materiellen, menschlichen Verstand bis heute nicht

begreifen. Auch ich nicht in Gänze, der Schreiber dieser Zeilen.
Da trat ein Mensch mit Namen Johannes (dem Täufer) auf, ein Gesandter Gottes, der vor dem Licht, vor Jesus Christus, her ging. Ein Vorläufer vor Jesus Christus. Johannes kam, um Zeugnis, Kunde, zu geben, von dem nahenden Jesus Christus, dem Messias, dem Licht. Damit die Menschen durch sein Auftreten an das Kommen des Lichtes, des ewigen Lebens in ihre finstere Welt, glauben konnten, ihn freudig erwarten konnten.

Johannes der Täufer war selbst nicht das Licht, sondern er sollte lediglich Kunde geben von dem Licht, dem ewigen Leben, das dann mit Jesus Christus und seiner Erlösungstat bald darauf unauslöschlich in die Welt gekommen ist. Denn das wahre Licht, der Christus-Funke, das ewige, unauslöschbare Leben in jedem Menschen, in jedem Geschöpf, kam durch ihn, sein Golgatha, in die Welt. Aber das haben die Menschen dieser Welt, auch ihre schlauen Schulwissenschaftler, bis heute nicht erkannt, nicht verstanden. Sie haben mit ihrem aus geistiger Sicht eingeschränkten, materiellen, menschlichen Verstand ganz einfach Schwierigkeiten, an den für sie unsichtbaren Geist zu glauben, der aber auch in ihrem eigenen Inneren, in ihrem inwendigen Geistwesen, bis in alle Ewigkeit existiert.

Er, Jesus Christus, kam also als Mensch, in Menschengestalt, als einer der Unsrigen, zu uns Menschen, in sein Eigentum, aber die Menschen, die Seinen, nahmen ihn zum allergrößten Teil nicht auf, d.h. verstanden seine Erlösungstat nicht - dass er ihnen mit ihr auf Golgatha das ewige Leben geschenkt hatte - und lebten ihn nicht, die Lehre, die er uns gebracht hat: die Botschaft der Bergpredigt. Weder erkannten sie ihn, noch verstanden sie ihn. Allen aber, die ihn erkannten und lebten, die ihn sozusagen aufnahmen, gab er durch seine Führung aus ihrem Inneren heraus, wo er seit Golgatha ist, die Möglichkeit, die Macht, über das Friedensreich bzw. das Neue Jerusalem in seiner bzw. Gott-Vaters Führung zu seinen geistigen Brüdern und Schwestern und zu den geistigen Kindern Gottes zu werden.

Das also schenkt er denen, die an ihn, seinen göttlichen Auftrag und sein Wort, seine Lehre, glauben und sie leben, d.h. Christi Führung aus ihrem Inneren heraus folgen. Die wissen, dass sie nicht sterben werden, so wie es ihr Mensch unabwendbar tut, sondern dass ihr eigentliches, geistiges, inneres Wesen ewig lebt. Und dass dieses Eigentliche in ihnen - dieses ihr inneres Geistwesen - nicht aus dem Wollen des Menschen heraus geboren wurde, sondern sich aus dem Urgeist, aus Gott heraus sich gebildet hat, seinem göttlichen Willen, seinem „Es werde“, seinem Wort, dem „logos“ gemäß.

Wo also ist dieser Gott, von dem in diesem Prolog so geheimnisvoll gesprochen wird? Wo können wir diesem Gott begegnen?

Gott ist für unsere äußeren, materiellen Augen unsichtbar. Er ist der lebendige, geistige, mystische, unergründbare Strom in uns: Das Leben, der Lebensstrom, der von unserer Seele in unserem Hinterkopf ausgeht und zu jeder unserer Zellen strömt, und sie am Leben erhält. Er besteht zum einen aus dem strömenden Urgeist, dem von Anbeginn an bis in alle Ewigkeit fließenden Ätherstrom des Geistes, zum andern aus Gottvaters Schöpferstrom, der alle seine geschöpften Formen erhält und enthält, und zum dritten aus dem stützenden Erlöserquell, auch Christusfunken genannt, der dafür sorgt, dass Gottes Schöpfung bis in alle Ewigkeit erhalten bleibt. Im Äußeren können wir also Gott nicht begegnen. Nur in unserem Inneren, wo er tatsächlich ist.

Also: Durch Moses wurde uns Menschen das göttliche Gesetz für unser Zusammenleben auf der Erde gegeben. Christus brachte uns ‹den Weg, die Wahrheit und das Leben›, wie er es selbst ausdrückte. D.h. er brachte uns den Inneren Weg: seine Führung auf unserem Weg durch unser Erdenleben aus unserem Inneren heraus, wo er seit Golgatha als sogenannter Christusfunken ist, so lange wir auf der Erde leben. Und er brachte uns die Wahrheit über alle diese Zusammenhänge. Und er brachte uns durch seinen Kreuzestod das ewige Leben, d.h. er erlöste uns und holt unser inneres Geistwesen in unsere göttliche Heimat wieder zurück.

Das Johannes-Evangelium beginnt in seinem Prolog mit dem Satz: ‹Am Anfang war das Wort›. Wir können diesen Satz jetzt auch folgendermaßen ergänzen: Am Anfang war das Wort, das innere Wort des in uns sprechenden Christusgeistes und des in uns sprechenden Geistes Gottvaters. Durch sie ist dieses Buch über das

Medium Friedrich Archan entstanden, der dieses Innere Wort des Geistes bewusst in sich empfangen und niederschreiben kann.

Wer ist Johannes der Täufer? Was sagt er über sich selbst? Und wer ist Jesus Christus? Was sagt der Täufer über ihn?

Johannes der Täufer taufte in Bethanien am Fluss Jordan. Das machte die Menschen in Jerusalem, die davon hörten, neugierig und sie schickten Pharisäer (Priester) mit ihren Leviten (Helfern) zu ihm und ließen ihn fragen: „Wer bist du? Bist du Christus (der Messias)? Oder bist du Elias oder sonst ein Prophet? Was sagst du von dir selbst, wer du bist? Was können wir denen über dich sagen, die uns zu dir geschickt haben?“

Johannes antwortete, dass er nichts von alledem sei und bescheiden, wie er war, sagte er: „Ich bin die Stimme eines Rufenden in der Wüste. Ich rufe: Bereitet den Weg des Herrn! So wie es schon der Prophet Jesaja von euch gefordert hat!“

Da sagten sie zu ihm: „Warum taufst du denn - wenn du nicht der Messias, noch der Elias, noch sonst ein Prophet bist?“ Johannes schwieg lange und sagte dann, auf die kommende Mission des Jesus hindeutend: „Ich taufe nur mit Wasser. Mitten unter euch aber steht einer, den ihr und auch ich heute noch gar nicht kennen. Der wird wohl nach mir kommen, geht mir in Wirklichkeit aber voraus. Ihm bin ich nicht einmal würdig, dass ich ihm seine Schuhriemen aufknüpfe.“

Tags darauf kam Jesus zu ihm. Da sagte Johannes zu seiner Umgebung: „Seht das Lamm Gottes, das hinweg nimmt die Sünden der Welt. Der ist es, von dem ich sagte: Nach mir kommt ein Mann, der mir vorausgeht, denn er war eher als ich. Auch ich kannte ihn nicht - aber damit er mir und den Menschen in ganz Israel bekannt werden würde, bin ich vom Geist hierher geschickt und geheißen worden, mit Wasser zu taufen. Und der Geist war es auch, der ihn mir vorgestellt hat, indem er selbst, in Gestalt einer Taube, vom Himmel herunter kam, über seinem Haupt verblieb und zu mir sagte: der ist es, der statt mit Wasser mit dem Heiligen Geist taufen wird. Er ist der Sohn Gottes."

Die ersten Jünger des Jesus

Am nächsten Tag kam Jesus wieder bei Johannes und zweien seiner Jünger vorbei. Da sagte Johannes wieder: „Seht da das Lamm Gottes!" Da folgten die beiden Jünger dem Jesus. Jesus drehte sich nach den beiden um und fragte sie: „Was sucht ihr denn?" Sie antworteten: „Rabbi (d.h. Lehrer, Meister), wo wohnst du?" Jesus sagte: „Kommt und seht!" So lernten sie seine Wohnung kennen und blieben an diesem Tag bei ihm.

Der eine von den beiden, die Jesus nachgefolgt waren, war Andreas, der Bruder des Simon Petrus. Der traf um die 10. Stunde des nächsten Tages (4 Uhr nachmittags) seinen Bruder Simon und sagte zu ihm: „Wir haben den Messias (übersetzt: der Gesalbte, Christus) gefunden." Und er führte ihn zu Jesus. Der schaute ihn an und sagte: „Du bist Simon, der Sohn des Johannes. Du sollst Kephas (der Fels) heißen. So wusste Jesus von jedem zu deren Überraschung etwas, was ihn charakterisierte und was der Jesus eigentlich nicht wissen konnte, weil er ihm hier zum ersten Mal begegnet war.

Am nächsten Tag wollte Jesus nach Galiläa reisen. Da traf er auf Philippus und sagte zu ihm: „Folge mir nach!" Philippus kam aus Bethsaida, wo auch Andreas und Petrus her waren. Philippus fand den Nathanael und sagte zu ihm: „Wir haben den gefunden, von dem Moses im Gesetz und auch die Propheten geschrieben haben: Jesus, den Sohn Josephs aus Nazareth." Da fragte Nathanael lachend: „Kann denn aus Nazareth etwas Gutes kommen?" Und Philippus erwiderte ihm: „Komm und sieh!"

Als Jesus den Nathanael herankommen sah, sagte er über ihn: „Seht da, ein wahrer Israelit, in dem keine Falschheit ist!" Das hörte Nathanael und sagte zu Jesus: „Woher kennst du mich?" Und Jesus antwortete: „Da du unter dem Feigenbaum warst, ehe Philippus dich rief, habe ich dich gesehen." Da war Nathanael betroffen und sagte: „Rabbi, du bist der Sohn Gottes, du bist der König Israels." Jesus erwiderte: „Weil ich zu dir sagte, dass ich dich unter dem Feigenbaum gesehen habe, glaubst du. Du wirst an meiner Seite noch Größeres erleben als dieses." Und zu allen hin gerichtet sagte er: „Wahrlich, wahrlich ich sage euch: Ihr werdet den Himmel offen und die Engel Gottes über dem Menschensohn (dem Jesus) auf- und niedersteigen sehen."

Johannes (einer der beiden Erstberufenen und spätere Evangelist) hat sein Leben lang die 10. Stunde dieses Tages nicht vergessen.

Die Hochzeit zu Kana

3 Tage später fand in Kana zu Galiläa eine große Hochzeit statt, zu der auch die Mutter des Jesus eingeladen war. Auch Jesus und seine neuen Jünger sollten mit dabei sein.

Als der Wein ausging, sagte seine Mutter zu ihm: „Sie haben keinen Wein mehr." Und Jesus erwiderte kopfschüttelnd: „Was willst du von mir? Meine Stunde ist doch noch gar nicht gekommen."

Maria aber sagte ungerührt zu den Bediensteten des Hauses: „Alles, was er zu euch sagt, dass ihr es machen sollt, das macht!"

In der Nähe des Hauseingangs standen 6 steinerne Wasserkrüge für die Reinigung, die bei den Juden üblich war. Jeder von ihnen fasste ca. 80 bis 100 Liter. Und Jesus sagte zu den Bediensteten: „Macht diese Krüge ganz voll!" Und sie füllten sie bis zum Rand mit Wasser voll. Darauf sagte Jesus zu ihnen: „Bringt nun ein Glas voll in die Küche zu dem, der heute für die Getränke verantwortlich ist!" Sie taten wie geheißen. In der Küche probierte man von dem Wasser, das zu Wein geworden war und wunderte sich, weil man einen Wein von dieser Qualität nirgends im Haus wusste. Nur der Bedienstete, der den Wein gebracht hatte, wusste, woher er stammte. Der verriet es aber vorerst nicht.

Da rief man den Bräutigam in die Küche und machte ihm Vorhaltungen: „Bei einem solchen Fest setzt man seinen Gästen zuerst den guten Wein vor und wenn diese zu fortgeschrittener Stunde, so wie jetzt, schon genug getrunken haben, den geringeren. Du aber hast den guten bis jetzt aufgehoben."

So begann Jesus mit seiner Wundertätigkeit schon bei diesem Hochzeitsfest in Kana - eigentlich von ihm so früh noch gar nicht beabsichtigt. Seine Jünger sahen es und glaubten an ihn, als den Sohn Gottes und an seine Sendung als Messias. Wohl deshalb musste dort dieses Wein-Wunder geschehen.

Tempelreinigung

Kurz danach ging Jesus, zusammen mit seiner Mutter Maria, seinen Brüdern und seinen Jüngern nach Kapharnaum hinab. Dort blieben sie aber nur wenige Tage.

Passah, das Osterfest der Juden, war nahe, weshalb Jesus nach Jerusalem hinauf reiste. Im Tempel war dort zu dieser Zeit viel los: Händler, die Ochsen, Schafe, Tauben und anderes preis boten, auch eine Menge Geldwechsler und vieles mehr. Da machte Jesus eine Geißel aus Stricken und trieb sie damit alle, samt ihren Tieren und dem anderen Zeug, aus dem Tempel hinaus. Die Tische der Geldwechsler stieß er um, so daß ihr Geld verstreut wurde. Zu den Taubenhändlern sagte er: „Schafft das alles weg und macht das Haus meines Vaters nicht zu einem Krämerladen!"

Seine Jünger erinnerten die protestierenden Juden daran, dass geschrieben steht: „Der Eifer für dein Haus verzehrt mich.“ Diese aber sagten: „Tue ein glaubwürdiges Wunder, damit wir begreifen können, dass du das tun darfst!“ Jesus antwortete ihnen: „Brecht diesen Tempel ab! Und ich werde ihn in 3 Tagen wieder aufbauen.“ Die Juden aber schüttelten nur den Kopf und sagten: „46 Jahre hat man an diesem Tempel gebaut, und du willst ihn in 3 Tagen wieder aufbauen?“ Jesus meinte damit aber den Tempel seines Leibes. Später, nach der Auferstehung im Anschluss an seine Kreuzigung, erinnerten sich die Jünger wieder an diese seine damaligen Worte und glaubten umso fester an ihn.

Während des Passah-Festes bewirkte Jesus noch eine ganze Reihe von Wundern und die Menschen, die es sahen, begannen an ihn und seinen Namen Christus (Messias) zu glauben. Er selbst aber hielt sich damit zurück, sich zu seiner Mission als Messias vor den Menschen zu bekennen. Er durchschaute aber jeden von ihnen und erkannte die Aufgabe, für die er im Menschen war. So wie er auch seine eigene Aufgabe auf der Erde genau kannte.

Das Gespräch Jesu mit Nikodemus

Nikodemus war ein Pharisäer. Der kam des nachts heimlich zu Jesus und sagte zu ihm: „Herr, wir wissen, dass du von Gott gesandt bist. Denn Wunder, wie du sie wirkst, kann kein Mensch wirken - außer Gott ist dabei mit ihm.“

Jesus erwiderte: „Du hast recht. Wahrlich, wahrlich, ich ergänze das noch: Wer nicht wiedergeboren wird ins Geistige hinein, kann das Reich Gottes, alles Geistige, nicht sehen. Alles Geistige ist dann nämlich in seiner Schwingung für ihn, seine menschlichen Augen, zu hoch schwingend."

Nikodemus: „Wie sollte ein Mensch wiedergeboren werden, wenn er schon im Menschen ist, vielleicht gar schon ein älterer Mensch ist? Kann er denn in den Schoß seiner Mutter zurückkehren und noch einmal geboren werden?"

Jesus: „Wahrlich, wahrlich ich sage dir: Wer nicht wiedergeboren wird aus dem Wasser und dem hl. Geist, kann nicht eingehen ins Reich Gottes. Was aus dem Fleisch geboren ist, das ist Fleisch, und was aus dem Geist geboren ist, das ist Geist. Wundere dich nicht darüber, dass ich zu dir gesagt habe: Ihr müsst wiedergeboren werden. Beim Geist ist es wie beim Wind: Der weht, wo er will, und du hörst sein Brausen. Aber du weißt nicht, woher er kommt und wohin er geht. So ist es bei jedem, der aus dem Geist geboren ist, d.h. zu Geist geworden ist. Seine Schwingung ist für die menschliche Wahrnehmung zu hoch."

Nikodemus: „Wie kann das geschehen?"

Jesus: „Du bist Lehrer in Israel und weißt das nicht? Wahrlich, wahrlich ich sage dir: Was wir wissen, davon reden wir, und was wir gesehen haben, das bezeugen wir. Ihr aber nehmt unser Zeugnis nicht an. Wenn ich von irdischen Dingen zu euch sprach, und ihr habt mir nicht geglaubt, wie solltet ihr mir glauben, wenn ich von himmlischen, geistigen Dingen zu euch spreche? Niemand ist in den Himmel hinaufgestiegen, als der, der vom Himmel herabkam: ich, der sogenannte Menschensohn, dessen Heimat der Himmel ist.

So wie Moses die Schlange in der Wüste erhöht hat, so muss auch der Menschensohn erhöht werden, damit jeder, der an ihn glaubt, nicht mehr verloren gehen kann, sondern das ewige Leben hat.

Denn Gott hat die Welt so geliebt, dass er seinen in einem Menschen eingeborenen Sohn (d.h. seinen ‹Menschensohn›) dahingab, damit keiner, der an ihn glaubt, verloren gehen kann, sondern das ewige Leben hat.

Dass hat Gott nicht gemacht, damit sein Sohn die Welt richten kann, sondern dass die Welt durch ihn selig werde. D.h. wer an ihn glaubt, wird nicht gerichtet, aber wer nicht an ihn glaubt, der ist schon gerichtet, weil er an den Namen des in einen Menschen eingeborenen Sohnes Gottes, Jesus Christus, nicht glaubt. Denn das ist das Gericht: Dass das Licht in die Welt gekommen ist, aber die Menschen die Finsternis weiterhin mehr liebten als das Licht. Denn ihre Werke waren weiterhin böse. Denn jeder, der das Böse tut, hasst das Licht und kommt nicht ins Licht, damit seine Werke nicht erkannt und gerügt werden. Wer aber die Wahrheit lebt, der stellt sich ins Licht, damit seine Werke sichtbar, offenbar, werden, weil sie in Gott getan sind.“

Nikodemus spielt nur im Johannes-Evangelium eine Rolle

Er setzte sich damals im Hoherat für Jesus ein und sorgte nach dem Golgatha-Ereignis für eine würdevolle Bestattung des Jesus.

Im Gespäch mit Nikodemus spielt Jesus auf die Ereignisse an, die noch vor ihm liegen, und er sucht das Wesen der neuen Religion zu erklären, die er zu den Menschen auf die Erde gebracht hat, bzw. bringen wird: Bei ihr spielt nicht die Geburt in ein bestimmtes Volk (wie bei den Juden) oder in eine bestimmte Rasse (wie z.B. bei den Nazionalsozialisten) die ausschlaggebende Rolle, sondern die übernatürliche Wiedergeburt aus Gott, sowie ein fester Glaube an die göttlichen Offenbarungen und ein Leben gemäß diesem Glauben. Und dass es eine Selbsterlösung nicht gibt, sondern dass er, Gottes erster Sohn in Jesus Christus, uns erlösen wird. Und dass sich an diesen Tatsachen die Geister scheiden werden. Wie an Licht und Finsternis.

Diese Dinge sind für einen im Äußeren lebenden Menschen nur schwer zu verstehen. Deshalb hatte auch Nikodemus damals Schwierigkeiten, die Erläuterungen des Jesus zu verstehen.

Jesus in Judäa / Ein weiteres Zeugnis des Täufers über ihn

Danach kam Jesus mit seinem Jüngern nach Judäa, blieb dort und taufte.

Aber auch Johannes taufte weiterhin und zwar zu Anon bei Salim. Dort gab es nämlich viel Wasser. Die

Leute kamen auch zu Johannes und ließen sich von ihm taufen. Johannes war nämlich zu dieser Zeit noch nicht eingekerkert.

Da entstand ein Streit zwischen den Jüngern des Johannes und den Juden bezüglich der Wirksamkeit ihrer Taufe, die geistige Reinigung durch sie. Diese gingen zu Johannes und sagten zu ihm: „Rabbi, der jenseits des Jordans bei dir war und dem du Zeugnis gabst, siehe, der tauft auch und alle rennen jetzt zu ihm. Ist das dort die richtigere Reinigung?“

Johannes antwortete: „Ein Mensch kann sich nicht einfach etwas Geistiges anmaßen. Es muss ihm vom Himmel gegeben sein. Ihr selbst seid meine Zeugen, dass ich gesagt habe: Ich bin nicht der Messias. Ich bin lediglich vor ihm her gesandt als Bote. Wer die Braut hat, der ist ihr Bräutigam. Der Freund des Bräutigams aber, der bei den beiden steht und ihrem Gespräch zuhört, der freut sich über die Stimme des Bräutigams. So ist auch jetzt meine Freude vollkommen. Er muss wachsen, ich aber muss abnehmen.

Der von oben herabkam, steht über allen. Wer von der Erde stammt, ist von der Erde und redet und tut Irdisches. Wer vom Himmel kommt, steht über jenem. Er bezeugt, was er dort oben gesehen und gehört hat. Doch kaum jemand nimmt sein Zeugnis an. Wer aber sein Zeugnis annimmt, verbürgt damit, dass Gott wahrhaftig existiert. Wen Gott auf die Erde gesandt hat, der spricht Worte Gottes bei allem, was er sagt.

Gottvater liebt seinen Sohn und hat ihm alles, was er für seine Aufgabe auf der Erde nötig hat, in seine

Hände gelegt. Wer an den Sohn und seine Mission auf Erden glaubt, der hat das ewige Leben. Wer aber den Worten des Sohnes nicht glaubt und ihnen nicht folgt, zieht sich den Zorn Gottvaters zu."

Jesus in Samaria / Sein Gespräch mit der Samariterin

Jesus erfuhr, dass die Pharisäer verbreiten würden, dass er erheblich mehr Jünger gewinne und und Menschen taufe, als der Johannes. Und doch taufte er selbst gar nicht, sondern seine Jünger machten das. Darum verließ er Judäa und ging wieder nach Galiläa. Dabei musste er durch Samaria ziehen. Er kam dabei an eine Stadt in Samaria, die Sychar heißt und nahe bei dem Feld liegt, das Jakob seinem Sohn Joseph vermacht hatte. Dort war auch der Jakobs-Brunnen, der heute noch existiert und 32 m tief ist. Müde von der Reise setzte sich Jesus bei dem Brunnen nieder. Es war inzwischen ungefähr die 6. Stunde.

Da kam eine Samariterin, um Wasser zu schöpfen. Jesus sprach zu ihr: „Gib mir zu trinken!" Denn alle seine Jünger waren in die Stadt gegangen, um Lebensmittel zu kaufen. Da sagt die Frau zu ihm: „Wieso bittest du eine Frau aus Samaria, dir zu trinken zu geben, obwohl du doch ein Jude bist?" Denn die Juden verkehrten nicht mit den Samaritern.

Da sagte Jesus zu ihr: „Wenn du wüsstest, worin die Gabe Gottes besteht, und wer es ist, der dich um Wasser gebeten hat, dann hättest du ihn gebeten, dir lebendiges Wasser zu geben. Und er hätte es dir gegeben.“ Die Frau erwiderte ihm: „Herr, du hast ja gar kein Schöpfgefäß, und der Brunnen ist sehr tief. Woher nimmst du denn das lebendige Wasser, das du mir geben willst? Bist du größer als unser Vater Jakob, der uns diesen Brunnen gegeben hat und selbst daraus getrunken hat mitsamt seinen Kindern und seinem Vieh?“ Darauf Jesus: „Jeder, der von diesem Brunnenwasser trinkt, wird nach einiger Zeit unvermeidlich wieder Durst haben. Wer aber von dem Wasser trinkt, das ich ihm gebe, der wird in Ewigkeit keinen Durst mehr haben. Denn das Wasser, das ich ihm gebe, wird in ihm eine Wasserquelle werden, die ins ewige Leben hinüberströmt.“ Da rief die Frau: „Herr, gib mir von diesem Wasser! Damit ich nie mehr Durst habe und nie mehr hierherkommen muss, um Wasser zu holen.“ Jesus darauf: „Geh, rufe deinen Mann und komme wieder hierher!“ Die Frau antwortete ihm: „Ich habe keinen Mann.“ Jesus: „Da hast du die Wahrheit gesagt. Denn du hast nicht weniger als fünf Männer gehabt. Und der jetzt bei dir ist, ist nicht dein Mann.“ „Herr,“ sagte sie darauf, „ich sehe, dass du ein Prophet bist. Unsere Väter haben hier, auf diesem Berg (Garizim, dem Tempelberg der Samariter), angebetet. Ihr aber behauptet, dass Jerusalem der Ort sei, wo man anbeten müsse.“ Jesus darauf: „Glaube mir, es kommt die Stunde, dass ihr weder auf Garizim, noch in Jerusalem den Vater anbeten werdet. Ihr Samariter betet an, was ihr nicht kennt. Wir beten an, was wir kennen. Denn das Heil kommt von den Juden. Es kommt aber die Stunde - ja, sie ist inzwischen schon da - dass die wahren Anbeter den Vater im Geist und in der Wahrheit anbeten werden. Denn auch der Vater will solche als seine Anbeter. Denn Gott ist Geist, und die ihn anbeten, müssen ihn im Geist und in der Wahrheit anbeten.“ Da sagte die Frau: „Ich weiß, dass der Messias kommt, der Christus genannt wird. Wenn er da ist, wird er uns alles genau erklären.“ Da sagte Jesus zu ihr: „Ich, der mit dir spricht, bin dieser Christus.“

Rückkunft der Jünger

In diesem Augenblick kamen seine Jünger zurück. Die wunderten sich, dass Jesus mit einer Frau ein Gespräch führte, doch fragte keiner von ihnen: Was suchst du denn? Warum redest du denn mit dieser Frau? Die Frau aber ließ ihren Krug stehen, lief in die Stadt und sagte dort zu den Leuten: „Kommt doch mit mir zum Brunnen! Dort werdet ihr einem Mann begegnen, der mir alles, was ich in der Vergangenheit getan habe, auf den Kopf zugesagt hat. Ob er vielleicht der angesagte Christus ist?“ Da gingen sie aus der Stadt hinaus und kamen zum Brunnen.

In der Zwischenzeit baten ihn seine Jünger: „Jesus, iss!“ Er aber sagte: „Ich habe eine Speise zu essen, die ihr nicht kennt.“ Da sagten die Jünger kopfschüttelnd zueinander: „Vielleicht hat ihm inzwischen jemand etwas zu essen gebracht.“ Jesus dazu: „Meine Speise ist, dass ich den Willen dessen tue, der mich gesandt hat, und dass ich damit meine geistige Aufgabe erfülle, die ich auf der Erde habe. Sagtet ihr nicht: Es sind noch 4

Monate bis zur Ernte. Ich sage euch aber: Erhebt eure Augen und seht die Felder um euch herum! Sie sind schon weiß und reif zur Ernte. Und der Schnitter bekommt schon seinen Lohn, denn er führte schon die Früchte ein zum ewigen Leben. Damit sich beide freuen können: Der Sämann und der Schnitter. Hier hat das Sprichwort recht: ‹Einer ist es, der sät und ein anderer ist es, der erntet›. Ich habe euch ausgesandt abzuernten, was ihr selbst nicht ausgesät habt. Andere als ihr haben gearbeitet, und ihr seid in ihre Arbeit eingetreten."

Viele Samariter aus jener Stadt kamen zum Brunnen gelaufen und glaubten an ihn, weil die Frau bezeugt hatte: „Er hat mir von vielem erzählt, was ich in meinem Leben alles getan habe." Sie baten den Jesus, bei ihnen zu bleiben, und er blieb zwei Tage dort. Und viele glaubten an ihn wegen seiner Worte. Und sie sagten zu der Frau: „Wir glauben nun nicht mehr länger nur wegen deiner Worte. Wir haben es nun selbst gehört und gesehen, dass dieser tatsächlich der Retter der Welt ist."

Heilung des Sohnes eines königlichen Beamten

Nach diesen zwei Tagen in Samaria zog er von dort wieder weg nach Galiläa. Jesus selbst hatte bezeugt, dass im eigenen Land ein Prophet nichts gilt. Die Galiläer aber akzeptierten ihn, weil sie genauso wie er beim Passha-Fest in Jerusalem gewesen waren und sein Auftreten dort miterlebt hatten. So kam er auch wieder nach Kana in Galiläa, wo er das Wasser in Wein verwandelt hatte.

In Kapharnaum gab es einen königlichen Beamten, dessen Sohn sehr krank war. Der erfuhr, dass Jesus von Judäa nach Galiläa gekommen sei, und eilte umgehend zu ihm und bat ihn, er möge kommen und seinen Sohn, der im Todeskampf läge, wieder gesund machen. Jesus sprach zu ihm: „Wenn ihr nicht Zeichen und Wunder erlebt, glaubt ihr nicht." Der königliche Beamte hörte aber nicht auf, Jesus zu bitten, zu ihm zu kommen und seinen Sohn gesund zu machen, bevor er sterbe. Da sagte Jesus: „Gehe, dein Sohn lebt."

Der Mann glaubt den Worten Jesu und war schon auf dem Weg nach Hause, als ihm seine Bediensteten entgegenkamen und meldeten, dass sein Sohn lebe. Er fragte sie, wann es denn mit seinem Sohn besser geworden sei. Sie sagten, dass ihn gestern um die siebte Stunde das Fieber verlassen habe. Da erkannte der Vater, dass das zu der Zeit gewesen war, als Jesus gesagt hatte: „Geh, dein Sohn lebt." Und er glaubte an Jesus, zusammen mit seinem ganzen Haus.

Dieses zweite Wunder wirkte Jesus, als er von Judäa nach Galiläa gekommen war.

Die Selbstoffenbarung Jesu vor der Welt / Die Heilung eines Gelähmten am Sabbat am Teich Bethesda in Jerusalem

Danach war ein Fest der Juden, und Jesus ging deshalb hinauf nach Jerusalem. Dort befand sich damals am sog. Schaftor ein Teich, der, auf hebräisch, Bethesda hieß. Bei ihm waren fünf Säulengänge. In denen hielten sich viele kranke, blinde, lahme und ausgezehrte Menschen auf, die auf das Aufwallen des Wassers im Teich warteten. Denn es ging die Mär, dass der wieder gesund wird, der nach dem Aufwallen des Wassers durch einen Engel des Herrn als erster in den Teich steigt, gleich welches Leid er hat. Einer dieser Kranken litt schon seit 38 Jahren an seiner Krankheit.

Als nun Jesus dazu kam und diesen letztgenannten Kranken sah, erfasste ihn Mitleid, und er fragte ihn: „Willst du wieder gesund werden?“ „Oh Herr,“ sagte der Kranke: „Ich habe keinen Menschen, der mich, wenn das Wasser aufwallt, an und in den Teich bringt. Und wenn es einen dafür gibt, steigt bestimmt einer vor mir ins Wasser hinein, bevor ich drinnen bin.“ Da sagte Jesus zu ihm: „Steh auf! Nimm deine Bahre und gehe umher!“ Und auf der Stelle war der Kranke gesund, nahm seine Bahre und ging umher.

Dieser Tag war aber ausgerechnet ein Sabbat-Tag. Und die Juden sagten deshalb zu ihm: „Es ist heute doch Sabbat! Du darfst heute deine Bahre nicht herumtragen!“ Da erwiderte er: „Der mich gesund gemacht hat, sagte aber doch zu mir: Nimm deine Bahre und gehe mit ihr herum!“ Sie fragten ihn: „Wer ist dieser Mensch, der das zu dir gesagt hat?“ Das aber wusste er nicht, weil Jesus sich inzwischen von diesem vielbesuchten Ort entfernt hatte.

Später traf Jesus mit dem Geheilten im Tempel zusammen, und er sagte zu ihm: „Du bist gesund geworden. Sündige nun nicht mehr! Damit dir nicht etwas noch Schlimmeres passiert!“ Der Geheilte ging hin und erzählte das leider wieder alles den Juden, auch dass es der Jesus gewesen wäre, der ihn gesund gemacht und aufgefordert hätte, seine Bahre herumzutragen. Er hatte dabei nicht die Absicht, Jesus bei den Juden anzuschwärzen. Ganz im Gegenteil. Die Juden aber verfolgten und beschuldigten Jesus ab dann, weil er das am Sabbat getan hatte.

Jesus verteidigte sich dagegen mit den Worten: „Mein göttlicher Vater wirkt nach seinem Willen - genauso nach Gottes Willen wirke auch ich.“ Da suchten die Juden, ihn zu töten, weil er in ihren Augen nicht nur den Sabbat entheiligt hatte, sondern sich auch mit Gott gleichstellte. Da sagte Jesus zu ihnen: „Wahrlich, wahrlich, ich sage euch: Der Sohn kann nichts aus sich selbst tun, er kann nur das tun, was er den Vater tun sieht, der ihn gesandt hat. Denn was der Vater tut, das kann auch dessen Sohn tun.“ Und Jesus sprach weiter: „Der Vater liebt seinen Sohn, und er wird mir noch größere Werke von sich zeigen, damit auch ich sie tun kann, und ihr euch darüber wundert. So wie der Vater Tode wieder lebendig macht, so macht auch der Sohn lebendig, wen und wann er will. Dagegen richtet der Vater niemanden, sondern er hat das gesamte Gericht dem Sohn übergeben. Damit alle den Sohn so ehren, wie sie den Vater ehren. Wer den Sohn nicht ehrt, der ehrt auch den Vater nicht, der ihn zu euch gesandt hat. Wahrlich, wahrlich, ich sage euch, wer meine Worte hört und ihnen so glaubt, als seien sie vom Vater gesprochen, der hat das ewige Leben und wird mit dem Gericht nichts zu tun haben. Er ist vom Tod ins ewige Leben hinübergegangen. Wahrlich, wahrlich, ich sage euch: Es kommt die Stunde - ja, sie ist schon da - in der die Toten die Stimme des Sohnes Gottes hören werden. Und die sie hören, werden wieder leben. Denn so, wie der Vater das Leben in sich hat, so hat er es auch dem Sohn gegeben, das Leben in sich zu haben und weiter zu geben, wenn er das will.

Und er hat ihm auch die Vollmacht gegeben, Gericht zu halten, weil er sein Sohn ist, inkarniert im Menschen Jesu. Wundert euch nicht darüber! Denn es kommt die Stunde, in der alle, die in den Gräbern liegen, seine Stimme hören und auferstehen werden: Die Gutes getan haben, werden auferstehen zum Leben, die aber Gegensätzliches getan haben, werden auferstehen zum Gericht.

Ich kann nichts aus mir selbst tun. Ich richte so, wie es mir der Vater vorgibt - und mein Gericht ist gerecht, weil es nicht nach meinem Willen dabei geht, sondern nach dem Willen des Vaters, der mich zu euch gesandt hat.

Jesus nennt die Zeugen seiner Gottessohnschaft: Johannes den Täufer und seinen göttlichen Vater

Wenn ich selbst, aus meinem Menschen heraus, mir Zeugnis geben würde, so kann mein Zeugnis ein Irrtum sein und damit unwahr. Aber es ist ein anderer, der Zeugnis über mich gibt, und ich weiß, dass sein Zeugnis wahr ist (er spricht von Johannes dem Täufer, der ihn als Lamm Gottes, als Sohn Gottvaters, bezeichnete). Ihr habt zu Johannes geschickt, als er taufte, und er hat auf eure Frage, wer er sei, Zeugnis von der Wahrheit gegeben, Zeugnis von sich selbst und von mir.

Ich bin davon entfernt, ein Zeugnis, das von einem Menschen stammt, allzu ernst zu nehmen - aber in diesem Fall hat ein Mensch, der Johannes, wahr gesprochen. Ich sage dies, damit ihr durch diese Wahrheit selig werden könnt. Johannes ist eine brennende, hell leuchtende Lampe, die das Licht der Wahrheit verbreitet. Ihr aber erkanntet dieses sein Licht der Wahrheit nur ganz kurze Zeit an. Aber ich habe ein noch viel höheres Zeugnis über mich, als das des Johannes: Die Werke, die mir der Vater aufgab, unter euch auf der Erde zu vollbringen. Sie geben das beste Zeugnis von mir - dass mich der Vater gesandt hat. Ihr habt noch nie die Stimme des Vaters gehört, noch ihn je gesehen, noch haltet ihr die wahren Worte von ihm in euch fest, die ich euch gegeben habe - denn ihr glaubt mir nicht und damit dem nicht, der mich gesandt hat.

Ihr forscht in den alten Schriften und sucht sie in eurem Leben umzusetzen, weil ihr glaubt, in ihnen die Wahrheit und das ewige Leben zu finden. Gerade aber diese alten Schriften mit ihren göttlichen Offenbarungen geben Zeugnis von mir, und dass mich der Vater gesandt hat. Ihr aber wollt nicht zu mir kommen, wollt nicht von mir ins ewige Leben geführt werden. Und ich will deshalb kein Zeugnis und keine ehrenden Worte von euch über mich hören, weil ich inzwischen weiß, dass ihr die Liebe Gottes nicht in euch habt, d.h. nicht aus ihr heraus handeln könnt. In Wirklichkeit bin ich im Namen Gottvaters zu euch gekommen, ihr aber nehmt mich nicht an. Wenn aber einer morgen in seinem eigenen Namen kommt, werdet ihr ihn wahrscheinlich annehmen. Wie könnt ihr zum wahren Glauben finden, wenn ihr euch gegenseitig Ehre gebt, aber die Ehre nicht sucht, die von Gott kommt?

Befürchtet nicht, dass ich euch deshalb bei unsrem göttlichen Vater verklagen werde. Moses ist es, der euch anklagt - auf den ihr alle eure Hoffnung gesetzt habt. Wenn ihr aber Moses glaubt, auf den ihr eure Hoffnung setzt, dann müsst ihr auch mir glauben, denn schon Moses hat sich zur Wahrheit über mich in seinen Schriften bekannt. Wenn ihr aber seinen Schriften nicht glaubt, wie sollt ihr dann mir und meinen Worten glauben?“

Die wunderbare Brotvermehrung und die Speisung der Fünftausend am See von Tiberias in Galiläa

Danach begab sich Jesus auf das andere Ufer des galiläischen Meeres, des Sees Genezareth, den man dort See von Tiberias nennt, einer Stadt, die zwischen 17 und 23 n.Chr. von Herodes Antipas gegründet und zur Hauptstadt von Galiläa erhoben wurde.

Und eine große Volksmenge kam hinter ihm her, weil sie die Wunder gesehen hatten, die er vor allem an den Kranken gewirkt hatte. Und Jesus stieg auf einen Hügel und setzte sich dort mit seinen Jüngern nieder.

Das Passah-Fest der Juden war nahe. Als nun Jesus den Kopf hob und die außerordentlich große Menschenmenge sah, die hinter ihnen hergekommen war, sagte er zu Philippus: „Wo sollen wir nun das viele Brot herbekommen, das wir benötigen, um eine solche Menschenmenge satt zu kriegen?“ Das sagte er aber nur, weil er den Glauben seiner Jünger prüfen wollte - denn er wusste sehr wohl, was jetzt für ihn anstand zu tun. Philippus antwortete: „Da müssten wir Brot für mindestens 200 Dinare haben, wenn jeder auch nur einen Bissen bekommen soll.“ Da sagte Andreas, der Bruder des Simon Petrus: „Es ist ein Knabe in der Menge, der fünf Gerstenbrote und zwei Fische bei sich hat. Allein, was ist das für so viele?“ Da sprach Jesus: „Sagt den Leuten, sie sollen sich niedersetzen!“ Das war gut möglich, weil es dort, wo die Menschen jetzt standen, viel Gras gab. Und deshalb kamen sie bereitwillig dieser Aufforderung nach und ließen sich nieder, etwa 5000 Männer an der Zahl. Jesus nahm nun die Brote, dankte dem Vater und ließ sie unter den Gelagerten verteilen. Das gleiche mit den Fischen. Und die Menschen aßen, so viel sie wollten. Als sie alle satt waren, sagte er zu seinen Jüngern: „Sammelt nun die übrig gebliebenen Stückchen ein, damit nichts verkommt!“ Das taten die Jünger, und sie füllten mit den übriggebliebenen Brocken 12 stattliche Handkörbe. Die Menschen nun, als sie dieses Zeichen gesehen hatten, sagten zueinander: „Das ist tatsächlich der Prophet, der in die Welt kommen soll.“

Jesus spürte, dass sie kommen wollten, um ihn mit Gewalt zum König zu auszurufen. Da zog er sich wieder auf den Hügel zurück und bat seine Jünger, ihn dort allein zu lassen.

Jesus wandelt über das Wasser des Sees Genezareth

Als es spät geworden war, stiegen die Jünger in ihr Boot und ruderten über den See in Richtung Kapharnaum. Es war inzwischen dunkel geworden und Jesus war noch immer nicht von seinem Hügel zu ihnen heruntergekommen. Der See ging hoch, weil ein starker Wind aufgekommen war. Als sie nun 25 bis 30 Stadien weit gerudert waren (das sind etwa 5 Kilometer), sahen sie Jesus vom Ufer hinter ihnen her über das Wasser gehen und sich ihrem Boot nähern. Da fürchteten sie sich sehr. Jesus aber rief zu ihnen herüber: „Fürchtet euch nicht! Ich bin es doch.“ Als er sie erreicht hatte, stieg er zu ihnen in ihr Boot - und unverzüglich war das an dem Ufer, das sie erreichen wollten.

Jesu Rede über das Brot des Lebens in der Synagoge von Kapharnaum

Am nächsten Morgen, als es wieder hell geworden war, erfuhr die Menschenmenge, die die Brotvermehrung am Vortag erlebt hatte, was inzwischen geschehen war. Sie war bis jetzt am Ostufer des Sees zurückgeblieben, das nahe der Stadt Tiberias liegt, wo gestern das Brotwunder geschehen war. Sie erfuhr nun, dass es gestern nur das eine Boot gegeben hatte, mit dem die Jünger des Jesus weg gerudert waren, aber ohne dass Jesus mit ihnen mitgefahren oder ein anderes Boot benutzt hätte. Er aber war nun für sie alle überraschend nicht mehr auf dem Hügel auf ihrer Seite des Sees, auf den er sich allein zurückgezogen hatte, sondern bei seinen Jüngern am jenseitigen Ufer, das Kapharnaum nahe ist. Keiner von ihnen wusste, wie er dorthin gekommen war.

Inzwischen kamen Boote, vor allem vom nahen Tiberias, um Menschen abzuholen. Und man suchte nun gemeinsam mit den Bootsführern nach Jesus, z.B. auf dem Hügel, auf den er sich zurückgezogen hatte. Doch man fand weder ihn noch einen seiner Jünger und fuhr nach Kapharnaum hinüber und sucht ihn dort. Als man ihn endlich gefunden hatte, fragte man ihn: „Herr, wann und wie bist du denn hierher gekommen?“ Jesus antwortete ihnen: „Wahrlich, wahrlich, ich sage euch: Ihr sucht nicht nach mir, weil ihr Wunder erlebt habt, sondern weil ihr gestern von den Broten gegessen habt und satt geworden seid. Aber, ich sage euch: Bemüht euch nicht weiter um solche vergängliche Speise, sondern um die, die euch ewig erhalten bleibt! Die Gottvater euch durch mich, seinen in einem Menschen inkarnierten Sohn, geben wird. Denn mich hat Gott dafür durch sein Siegel beglaubigt. Da fragten sie ihn: „Was sollen wir denn tun, damit wir die Werke Gottes tun?“ Jesus erwiderte ihnen: „Das ist das Werk Gottes, dass ihr an den glaubt, den er zu euch gesandt hat.“ Da fragten sie ihn: „Welches

Wunder wirkst du denn vor unseren Augen, dass wir an dich glauben können? Unsere Vorfahren haben das himmlische Manna in der Wüste gegessen, so wie es geschrieben steht: Brot aus dem Himmel hat er ihnen zu essen gegeben." Da erwiderte Jesus: „Wahrlich, wahrlich, ich sage euch: Nicht Moses hat euch dieses Brot aus dem Himmel gegeben, sondern mein göttlicher Vater. Der gibt euch auch das wahre Brot aus dem Himmel. Denn das wahre Brot Gottes ist der, welcher aus dem Himmel von ihm herabgesandt wurde, um den Menschen das ewige Leben zu bringen." Da sagten sie zu ihm: „Herr, gib uns für immer dieses Brot!" Und Jesus antwortete ihnen: „Ich bin das Brot des Lebens. Wer zu mir findet, den wird nicht mehr hungern, und wer an mich glaubt, den wird nicht mehr dürsten.

Aber ich habe auch zu euch gesagt: Ihr habt mich gesehen, aber ihr glaubt mir trotzdem nicht. Alle, die der Vater mir gibt, werden zu mir kommen, und wer zu mir kommt, den werde ich nicht wegschicken. Denn ich bin nicht vom Himmel heruntergekommen, um hier meinen Willen zu erfüllen, sondern den Willen dessen, der mich zu euch gesandt hat. Es ist aber der Wille des Vaters, dass ich keinen von denen, die er mir gegeben hat, zugrunde gehen lasse, sondern dass ich sie alle auferwecke am jüngsten Tag. Denn es ist der Wille meines göttlichen Vaters, dass alle, die seinen Sohn sehen und an ihn glauben, das ewige Leben haben, und dass ich sie auferwecke am jüngsten Tag."

Da murrten die Juden gegen ihn, weil er gesagt hatte: „Ich bin das Brot des Lebens, das vom Himmel herabgekommen ist.“ Und sie sagten: „Ist das nicht Jesus, der Sohn Josefs und Marias, die wir alle kennen? Wie kann er jetzt sagen: Ich bin das Brot des Lebens, das vom Himmel herabgekommen ist?“ Jesus sagte zu ihnen: „Murrt nicht! Niemand kann zu mir kommen, wenn ihn nicht mein göttlicher Vater, der mich gesandt hat, zu mir schickt. Und ich werde ihn auferwecken am jüngsten Tag.

Bei den Propheten heißt es: Und alle werden Schüler Gottes sein. Jeder, der auf den Vater hört und seine Lehre annimmt, wird zu mir kommen. Niemand hat den Vater gesehen, außer der, der von ihm kommt. Wahrlich, wahrlich, ich sage euch: Wer an mich glaubt, der hat das ewige Leben. Ich bin das Brot des Lebens. Eure Väter haben das Manna in der Wüste gegessen und doch sind sie gestorben. Wer aber von dem Brot isst, das vom Himmel herabgekommen ist, der stirbt nicht mehr. Ich bin das lebendige Brot, das vom Himmel herabgekommen ist. Wenn jemand von diesem Brot isst, wird er ewig leben. Das Brot aber, das ich geben werde, ist mein Fleisch für das Leben der Welt.“

Da stritten die Juden untereinander und sprachen: „Wie kann dieser uns sein Fleisch zu essen geben?“ Jesus sagte zu ihnen: „Wahrlich, wahrlich, ich sage euch: Wenn ihr das Fleisch des Menschensohnes nicht essen werdet und sein Blut nicht trinken werdet, so werdet ihr das Leben nicht in euch haben. Wer mein

Fleisch isst und mein Blut trinkt, der hat das ewige Leben, und ich werde ihn am jüngsten Tag auferwecken. Denn mein Fleisch ist wahrhaft eine Speise und mein Blut ist wahrhaft ein Trank.

Wer mein Fleisch isst und mein Blut trinkt, der bleibt in mir, und ich in ihm. Wie mich der lebendige Vater gesandt hat, und ich durch den Vater lebe, so wird auch der, welcher mich isst, durch mich leben. Dies ist das Brot, das vom Himmel herabgekommen ist. Nicht wie das Manna, das eure Väter gegessen haben und gestorben sind. Wer dieses Brot isst, wird ewig leben." So lehrte Jesus in der Synagoge zu Kapharnaum.

Viele von seinen Jüngern, die das hörten, sagten zueinander: „Diese Rede ist hart. Wer kann sie hören?" Jesus wusste, dass seine Jünger darüber murrten und sagte zu ihnen: „Ärgert euch das? Wenn ihr aber nun den Menschensohn dorthin auffahren sehen werdet, wo er zuvor war? Der Geist ist es, der lebendig macht, das Fleisch nützt nichts. Die Worte, die ich zu euch gesprochen habe, sind Geist und Leben. Unter euch sind aber einige, die das nicht glauben können." Denn Jesus wusste von Anfang an, welche nicht an ihn glaubten und auch, wer ihn verraten würde. Er sprach: „Darum habe ich zu euch gesagt: Niemand kann zu mir kommen, wenn es ihm nicht von meinem Vater gegeben ist." Von da an zogen sich viele seine Jünger zurück und verkehrten nicht mehr mit ihm. Nun fragte Jesus die Zwölf: „Wollt auch ihr euch von mir zurückziehen?" Simon Petrus antwortete ihm:

„Herr, zu wem sollen wir gehen? Du hast Worte des ewigen Lebens. Wir haben von vornherein geglaubt, ja erkannt, dass du der Heilige Gottes bist.“ Jesus entgegnete ihm: „Habe ich nicht euch 12 auserwählt, und doch ist einer von euch ein Teufel!“ Er meinte damit den Judas Iskariot, des Simon Iskariots Sohn. Denn der war es, der ihn verraten sollte. Einer von den Zwölfen.

Auf dem Laubhüttenfest in Jerusalem

Danach zog Jesus nur in Galiläa umher. Er mied Judäa, weil die Juden ihn zu töten suchten.

Es war aber nicht mehr lange hin bis zum Laubhüttenfest der Juden - das neben dem Passahfest und dem Pfingstfest das dritte große Wallfahrtsfest der Juden ist. Es fand zur Zeit der Wein-, Obst- und Olivenernte statt. Während der Festwoche wohnten die jüdischen Besucher in eigens dafür errichteten Laubhütten.

Da sagten seine Brüder zu ihm: „Gehe von hier weg und begib dich nach Judäa! Damit auch deine Jünger die Werke sehen können, die du vollbringst. Denn niemand tut etwas im Verborgenen, wenn er öffentlich bekannt sein will. Willst du das, so zeige dich offen der Welt!“ Denn auch seine Jünger glaubten nicht an ihn. Jesus aber sagte zu Ihnen: „Meine Zeit ist noch nicht gekommen, für euch aber ist die Zeit immer günstig. Euch kann die Welt nicht hassen, mich aber hasst sie, weil ich öffentlich bekannt mache, dass ihre Taten nicht dem göttlichen Gesetz entsprechen.

Geht ihr nur ruhig zu diesem Fest hinauf. Ich mache das nicht, weil meine Zeit noch nicht erfüllt ist." Und er blieb weiterhin in Galiläa.

Als aber seine Brüder hinaufgegangen waren, zog es auch ihn zu diesem Fest. Und er ging hinauf, aber nicht vor aller Augen, sondern heimlich. Die Juden, die beim Fest waren, suchten nach ihm und sagten zueinander: „Wo ist der Jesus?" Und es wurde unter den Besuchern vieles über ihn hin- und hergeredet. Die einen sagten: „Es ist ein guter Mensch." Die anderen sagten: „Nein, er führt das Volk in die Irre." Aber niemand redete öffentlich und laut über ihn, denn man fürchtete die Pharisäer.

Jesu Auftreten und Selbstzeugnis auf dem Laubhüttenfest

Als das Fest etwa zur Hälfte vorüber war, ging Jesus in den Tempel hinauf und lehrte. Da wunderten sich die Juden und sagten zu ihm: „Wie kannst du hier über die Schrift lehren, obwohl du dafür doch gar nicht ausgebildet bist?" Da antwortete ihnen Jesus: „Meine Lehre stammt nicht von mir, sondern von dem, der mich auf die Erde gesandt hat. Wer danach strebt, den Willen Gottes zu tun, wird erkennen, ob diese Lehre von Gott stammt oder ob ich in meinem eigenen Namen lehre. Wer in seinem eigenen Namen lehrt, sucht dabei seine eigene Ehre. Wer aber die Ehre dessen sucht, der ihn gesandt hat, der ist glaubwürdig und in ihm ist keine Falschheit.

Hat nicht Moses euch das Gesetz gegeben? Aber keiner von euch befolgt dieses Gesetz. Warum wollt ihr mich töten?“ Die Menge antwortete ihm darauf: „Du bist vom Teufel besessen. Wer will dich denn töten?“ Jesus antwortete ihnen: „Ich habe nur ein einziges Werk vollbracht und ihr alle wundert euch darüber. Also: Moses hat euch die Beschneidung angetragen - nicht dass das ein Gesetz von Moses wäre. Es stammt von den Vätern. Nehmen wir nun einmal an, ihr beschneidet einen Menschen am Sabbat. Wenn nun dieser Mensch am Sabbat die Beschneidung empfangen kann, ohne dass das Gesetz des Moses verletzt wird, warum seid ihr dann böse über mich, weil ich am Sabbat am Teich Bethesda einen kranken Menschen gesund gemacht habe? Urteilt nicht nach dem Schein, sondern sprecht ein gerechtes Urteil!“

Da sagten einige, die aus Jerusalem stammten: „Ist das nicht der, den sie töten wollen? Er redet öffentlich, und sie sagen ihm nichts. Glauben inzwischen selbst die Vorsteher der Juden, erkannt zu haben, dass dieser der Messias ist? Das kann aber nicht sein, denn wir wissen ja, woher er stammt. Wenn aber der Messias kommt, wer weiß, woher der ist.“ Da rief Jesus, der im Tempel lehrte, laut:

„Ihr kennt mich und wisst, woher ich bin. Allein von mir selbst bin ich nicht gekommen, sondern der Wahrhaftige, den ihr nicht kennt, ist es, der mich gesandt hat. Ich kenne ihn, denn aus ihm bin ich, und er hat mich gesandt.“ Nun suchten sie ihn zu ergreifen. Allein, niemand legte Hand an ihn, denn seine Stunde war noch nicht gekommen. Vom Volk aber glaubten viele an ihn. Sie sagten: „Kann wohl der Messias, wenn er kommt, mehr Wunder wirken, als es dieser gemacht hat?“ Die Pharisäer hörten, dass im Volk solches Gerede ging, und die Vorsteher schickten Diener aus, um ihn zu ergreifen. Jesus sprach zu diesen: „Nur noch eine kurze Zeit bin ich bei euch, dann gehe ich zu dem, der mich gesandt hat. Ihr werdet mich dann suchen, aber nicht finden, und dorthin, wo ich hingegangen bin, werdet ihr nicht auch hinkommen können.“ Da sprachen die Juden untereinander: „Wo will der Jesus denn hingehen, dass wir ihn nicht finden können? Will er wohl gar in die Länder gehen, wo die Juden unter den Heiden zerstreut wohnen, und dort die Heiden lehren? Was soll das bedeuten, dass er sagt: Ihr werdet mich suchen und nicht finden, und dorthin, wo ich hingegangen bin, könnt ihr nicht hinkommen.“

Am letzten, dem großen Tag des Festes, seinem Höhepunkt, stand Jesus auf und rief laut: **„Wen dürstet, der komme zu mir und trinke! Wer an mich glaubt, aus dem werden, wie die Schrift sagt, Ströme lebendigen Wassers fließen.“** Damit meinte er den Geist, den die empfangen würden, die an ihn glaubten. Weil nämlich Jesus noch nicht verherrlicht war, war der Geist noch nicht da. Jesus hat diese bedeutungsvollen Worte während der feierlichen Wasserprozession gesprochen und so ein herrliches Selbstzeugnis für seine messianische Sendung abgelegt.

Da das Volk diese seine Reden hörte, sagten einige: „Dieser ist wahrhaftig der Prophet.“ Andere sprachen: „Er ist der Messias.“ Wieder andere aber meinten: „Kommt denn der Messias aus Galiläa? Sagt nicht die

Schrift: Aus dem Stamme Davids und aus der Stadt Bethlehem, wo David war, kommt der Messias?“ So entstand seinetwegen ein Streit unter dem Volk. Einige von ihnen wollten ihn ergreifen, in Wirklichkeit aber wagte niemand, Hand an ihn zu legen. So kamen die Diener zu den Hohenpriestern und Pharisäern zurück. Diese sagten zu ihnen: „Warum habt ihr ihn nicht mitgebracht?“ Die Diener antworteten: „Nie hat ein Mensch so geredet wie dieser Mensch.“ Darauf erwiderten die Pharisäer: „Habt auch ihr euch verführen lassen? Hat denn irgendeiner von den Vorstehern und Pharisäern an ihn geglaubt? Nein, nur dieses Volk da, das das Gesetz nicht kennt. Sie sind verflucht!“ Einer von ihnen, Nikodemus, der früher einmal zu ihm gekommen war, sagte zu ihnen: „Verurteilt denn unser Gesetz einen Menschen, ehe man ihn gehört und sein Tun festgestellt hat?“ Sie entgegneten ihm: „Du bist wohl auch ein Galiläer? Forsche doch nach, dann wirst du sehen, dass aus Galiläa kein Prophet stammt!“ Dann gingen sie alle nach Hause. Jesus aber ging in Richtung Ölberg hinaus.

Jesus und die Ehebrecherin

Am frühen Morgen kam er wieder in den Tempel, und das ganze Volk kam zu ihm. Er setzte sich nieder und lehrte sie. Da brachten die Schriftgelehrten und Pharisäer ein Weib daher, das beim Ehebruch ergriffen worden war. Sie ließen dasselbe in die Mitte treten und sagten zu Jesus: „Meister, dieses Weib ist beim Ehebruch auf frischer Tat ergriffen worden. Nun hat uns Moses im Gesetz geboten, solche Frauen zu steinigen. Was sagst du dazu?“ So sprachen sie aber nur, um ihn zu versuchen, und um ihn anklagen zu können.

Es handelte sich aber lediglich um eine Braut, deren Untreue man damals so bestrafte, weil sie rechtlich als Ehefrau galt. Die Untreue einer Ehefrau wurde dagegen damals durch Erdrosselung gesühnt. Da ein jüdisches Mädchen damals mit 13 Jahren verlobt zu werden pflegte, ist die Sünderin damals nach unseren heutigen Begriffen noch eher ein Kind gewesen. Menschliches Sündenelend und göttliche Erlöserliebe stehen sich hier gegenüber.

Jesus bückte sich und schrieb mit dem Finger auf die Erde. Da sie aber nicht nachließen, ihn zu fragen, richtete er sich auf und sagte zu ihnen: „Wer unter euch ohne Sünde ist, der werfe den ersten Stein auf sie.“ Hierauf bückte er sich wieder und schrieb weiter auf die Erde. Da sie das hörten, ging einer nach dem anderen hinaus, die Älteren zuerst. Jesus blieb mit dem Weib allein zurück, das in der Mitte stand.

Jesus richtete sich nun auf und sagte zu ihr: „Weib, wo sind sie? Hat dich niemand verurteilt?“ Sie erwiderte; „Niemand Herr.“ Und Jesus sprach: „So will auch ich dich nicht verurteilen. Gehe hin und sündige von jetzt an nicht mehr!“

Das Selbstzeugnis des Jesu vor den Pharisäern

Als Jesus ein anderes Mal zu ihnen sprach, sagte er: **„Ich bin das Licht der Welt. Wer mir nachfolgt, der**

wandelt nicht in Finsternis, sondern wird das Licht des Lebens haben.“

Dieses Wort vom Licht knüpft möglicherweise an einen Festbrauch an. Am 7. Tag des Laubhüttenfestes wurden damals nämlich im Frauenvorhof des Tempels vier große Leuchter aufgestellt, die ihr Licht über ganz Jerusalem verbreiten sollten.

Da sagten die Pharisäer zu ihm: „Du legst über dich selbst Zeugnis ab. Dein Zeugnis ist nicht gültig.“ Jesus erwiderte ihnen: „Auch wenn ich über mich selbst Zeugnis ablege, ist mein Zeugnis gültig. Denn ich weiß, woher ich gekommen bin und wohin ich gehe. Ihr urteilt, wie Menschen urteilen, ich urteile über keinen. Wenn ich aber urteile, ist mein Urteil gültig, denn ich urteile nicht allein, sondern ich und der Vater, der mich gesandt hat, urteilen. Auch in eurem Gesetz heißt es: Erst das Zeugnis von zwei Menschen ist gültig. Ich bin es, der über mich Zeugnis ablegt, und auch der Vater, der mich gesandt hat, legt Zeugnis über mich ab.“ Da fragten sie ihn: „Wo ist dein Vater?“ Jesus antwortete: „Ihr kennt weder mich, noch meinen Vater. Würdet ihr mich kennen, dann würdet ihr auch meinen Vater kennen.“ Diese Worte sagte er, als er im Tempel bei der Schatzkammer lehrte. Aber niemand nahm ihn fest, denn seine Stunde war noch nicht gekommen. Die Schatzkammer lag im Frauenvorhof des Tempels.

Die Herkunft und Bestimmung Jesu / Der Gesandte des Vaters

Ein anderes Mal sagte Jesus zu ihnen: „Ich gehe fort, und ihr werdet mich suchen. Und ihr werdet in euren Sünden sterben. Wo ich hingehe, dahin könnt ihr nicht kommen." Da sagten die Juden: „Will er sich vielleicht umbringen? Warum sagt er ansonsten: Wohin ich gehe, dorthin könnt ihr nicht kommen?" Jesus sagte daraufhin zu ihnen: „Ihr stammt von unten, ich stamme von oben. Ihr seid von dieser Welt, ich bin nicht von dieser Welt. Ich habe euch gesagt: Ihr werdet in euren Sünden sterben. Denn wenn ihr nicht glaubt, dass ich es bin, werdet ihr in euren Sünden sterben." Da fragten sie ihn: „Wer bist du denn?" Jesus antwortete: „Warum rede ich denn überhaupt noch mit euch? Ich hätte noch viel über euch zu sagen und zu richten, aber der, der mich gesandt hat, bürgt für die Wahrheit. Und was ich von ihm gehört habe, das sage ich der Welt." Sie verstanden nicht, dass er damit den Vater meinte. Da sagte Jesus zu ihnen: „Wenn ihr den Menschensohn erhöht habt, dann werdet ihr erkennen, dass ich es bin. Ihr werdet erkennen, dass ich nichts im eigenen Namen tue, sondern nur das sage, was mich der Vater gelehrt hat. Und er, der mich gesandt hat, ist bei mir. Er hat mich nicht allein gelassen, weil ich immer nur das tue, was ihm gefällt." Als Jesus das sagte, glaubten viele an ihn.

Die wahren Nachkommen Abrahams

Nun sprach Jesus zu den Juden, die ihm glaubten: „Wenn ihr in meinem Wort verharrt, dann seid ihr wahrhaftig meine Jünger. Ihr werdet die Wahrheit erkennen, und die Wahrheit wird euch frei machen." Sie entgegneten: „Wir sind Abrahams Nachkommen, und wir haben nie jemandem gedient. Wie kannst du da sagen: Ihr werdet frei sein?" Jesus antwortete: „Wahrlich, wahrlich, ich sage euch: Jeder, der sündigt, ist der Sünde Knecht. Der Knecht bleibt nicht für immer im Haus, der Sohn aber bleibt für immer. Wenn der Sohn euch frei gemacht hat, dann werdet ihr wahrlich frei sein. Ich weiß, dass ihr Kinder Abrahams seid. Allein ihr sucht mich zu töten, weil mein Wort in euch erfolglos bleibt. Ich rede, was ich bei meinem Vater gesehen habe, ihr tut, was ihr von eurem Vater gehört habt." Da erwiderten sie: „Unser Vater ist Abraham." Jesus sprach darauf: „Wenn ihr Kinder Abrahams seid, so tut auch Abrahams Werke! Jetzt wollt ihr mich töten, mich, der ich euch doch die Wahrheit verkündet habe, die ich von Gott mitgebracht habe. So etwas hat Abraham nicht getan. Ihr tut die Werke eures Vaters." Da sprachen sie: „Wir sind nicht aus einem Ehebruch geboren. Wir haben Gott zum Vater." Darauf Jesus:

„Wenn Gott euer Vater wäre, so würdet ihr mich doch lieben. Ich bin von Gott ausgegangen. Ich bin nicht auf eigenem Wunsch hierher gekommen, sondern Gott hat mich gesandt. Warum versteht ihr meine Rede nicht? Weil ihr meine Worte nicht hören könnt. Ihr habt den Teufel zum Vater, und die Begierden eures Vaters wollt ihr erfüllen. Er war von Anfang an ein Menschenmörder und unwahrhaftig, weil in ihm keine Wahrheit ist. Wenn er Lügen verbreitet, redet er aus seinem Eigenen, denn er ist ein Lügner und der Vater der Lüge. Wenn aber ich die Wahrheit ausspreche, so glaubt ihr mir nicht. Wer von euch kann mir eine Sünde nachsagen? Wenn ich euch die Wahrheit sage, warum glaubt ihr mir nicht? Wer aus Gott ist, der hört Gottes Wort. Darum hört ihr es nicht, weil ihr nicht aus Gott seid." Da entgegneten ihm die Juden: „Sagen wir nicht mit Recht, dass du ein Samariter und vom Teufel besessen bist?" ‹Samariter› war ein Schimpfwort bei den Juden und bedeutete: ein Ungläubiger.

Jesus antwortete: „Ich bin nicht vom Teufel besessen, sondern ich ehre meinen Vater. Ihr aber verunehrt mich. Doch ich suche meine Ehre nicht bei euch. Es ist einer da, der sie sucht und richtet. Wahrlich, wahrlich, ich sage euch: Wenn einer mein Wort hält, so wird er den Tod in Ewigkeit nicht schauen." Darauf sagten die Juden: „Nun erkennen wir, dass du von einem bösen Geist besessen bist. Abraham und die Propheten sind gestorben, und du sagst: Wenn einer mein Wort hält, der wird den Tod nicht erleben in Ewigkeit. Bist du vielleicht größer als unser Vater Abraham, der gestorben ist? Und auch die Propheten sind alle gestorben. Zu was machst du dich selbst?" Jesus sagte: „Wenn ich selbst mich rühme, so ist meine Ehre nichts. Mein Vater ist es, der mich verherrlicht, von dem ihr sagt, er sei euer Gott. Doch kennt ihr ihn nicht. Ich aber kenne ihn. Würde ich sagen, ich kenne ihn nicht, so wäre ich ein Lügner, gleich wie ihr. Aber ich kenne ihn und halte sein Wort. Abraham, euer Vater, hat sich gefreut, als er erfuhr, dass er meinen Tag sehen werde. Er sah ihn und freute sich.“ Da sagten die Juden: „Du bist noch nicht 50 Jahre alt und willst von Abraham gesehen worden sein?“

Jesus sagte: „Wahrlich, wahrlich, ich sage euch: Ehe Abraham ward, bin ich.“ Da hoben sie Steine auf, um nach ihm zu werfen. Jesus aber verbarg sich und ging aus dem Tempel hinaus.

Die Heilung eines Blindgeborenen

Im Vorübergehen sah Jesus einen Menschen, der von Geburt an blind war. Da fragten ihn seine Jünger: „Rabbi, wer hat gesündigt, dieser oder seine Eltern, dass er blind geboren wurde?“ Jesus antwortete: „Weder dieser noch seine Eltern haben sich versündigt, sondern die Werke Gottes sollen an ihm offenbar werden. Ich muss die Werke dessen tun, der mich gesandt hat, solange es Tag ist. Es kommt die Nacht, da niemand wirken kann. Solange ich in der Welt bin, bin ich das Licht der Welt.“ Nach diesen Worten spuckte er auf die Erde, bereitete mit dem Speichel einen Teig, strich den Teig auf seine Augen und sprach zu ihm: „Gehe hin und wasche dich im Teiche Siloah (Siloah bedeutet ‹Gesandter›).“ Er ging hin, wusch sich und kam sehend wieder. Da sagten die Nachbarn und die, die ihn schon früher gesehen hatten, weil er ein Bettler war: „Ist das nicht der, der da saß und bettelte?“ Die einen sagten: „Ja, er ist es.“ Aber andere: „Keinesfalls, aber er sieht ihm ähnlich." Er selbst aber sprach: „Ich bin es." Da sagten sie zu ihm: „Wie sind dir die Augen geöffnet worden?" Er entgegnete: „Der Mann, der Jesus heißt, machte einen Teig, bestrich damit meine Augen und sprach: Gehe an den Teich Siloah und wasche dich! Ich ging, wusch mich und sah." Sie fragten ihn: „Wo ist jener?" Er erwiderte: „Ich weiß es nicht."

Verhör des geheilten Blinden bei den Pharisäern

Daraufhin führten sie den, der blind gewesen war, zu den Pharisäern. Es war aber Sabbat, als Jesus den Teig gemacht und seine Augen geöffnet hatte. Die Pharisäer fragten ihn wieder, wie er sehend geworden sei. Er sagte zu ihnen: „Er hat mir einen Teig auf die Augen gelegt, ich habe mich gewaschen, und jetzt sehe ich." Da sprachen einige von den Pharisäern: „Dieser Mensch, der den Sabbat nicht hält, ist nicht aus Gott." Andere aber meinten: „Wie kann ein Sünder solche Wunder tun?" So waren ihre Meinungen geteilt. Darum fragten sie den Blinden aufs neue: „Was sagst du von ihm, da er dir doch die Augen geöffnet hat?" Er antwortete: „Dass er ein Prophet ist!" Die Juden wollten nun nicht glauben, dass jener blind gewesen und sehend geworden sei. Deshalb riefen sie die Eltern des geheilten Blinden herbei und fragten sie: „Ist das euer Sohn, von dem ihr sagt, er sei blind geboren? Wie ist er jetzt sehend geworden?" Seine Eltern erwiderten: „Wir wissen, dass dies unser Sohn ist und dass er blind geboren wurde. Wie er aber jetzt sehend geworden ist, wissen wir nicht. Fragt ihn selbst! Er ist alt genug. Er selbst mag über sich Auskunft geben.“ So sagten seine Eltern aus Furcht vor den Juden. Die Juden hatten es nämlich schon abgemacht, wenn jemand ihn als Messias anerkenne, solle er aus der Synagode ausgeschlossen werden. Aus diesem Grund sagten seine Eltern: „Er ist alt genug. Fragt ihn selbst!“ Nun ließen sie den Mann, der blind gewesen war, wieder kommen und sprachen zu ihm: „Gib Gott die Ehre! Wir wissen, dass dieser Mensch ein Sünder ist.“ Jener erwiderte: „Ob er ein Sünder ist, weiß ich nicht. Eines weiß ich, dass ich bisher blind war und jetzt sehe.“ Sie fragten ihn nun: „Was hat er mit dir gemacht? Wie hat er deine Augen geöffnet?“ Er antwortete: „Ich habe es euch bereits gesagt, aber ihr habt nicht darauf gehört. Warum wollt ihr es noch einmal hören? Wollt etwa auch ihr seine Jünger werden?“ Da verfluchten sie ihn und sprachen: „Magst du sein Jünger sein. Wir sind des Moses Jünger. Wir wissen, dass Gott mit Moses geredet hat. Von diesem aber wissen wir nicht, woher er ist.“ Jener Mensch entgegnete ihnen: „Jetzt wundert mich nur, dass ihr nicht wisst, woher er ist, und dabei hat er doch meine Augen aufgetan. Wir wissen doch, dass Gott Sünder nicht erhört. Wer aber gottesfürchtig ist und Gottes Willen tut, den erhört er. Solange die Welt steht, hat man noch nicht gehört, dass jemand die Augen eines Blindgeborenen geöffnet hat. Wenn dieser nicht von Gott wäre, so hätte er das nicht vermocht.“ Da sagten sie zu ihm: „Du bist ganz in Sünden geboren und willst uns belehren?“ Und sie stießen ihn aus.

Der Geheilte wird gläubig

Jesus hörte, dass sie ihn ausgestoßen hatten. Als er ihn traf, fragte er ihn: „Glaubst du an den Menschensohn?“ Er fragte: „Herr, wer ist es, damit ich an ihn glaube?“ Jesus sprach: „Du hast ihn vor Augen. Der mit dir redet, der ist es.“ Da rief jener aus: „O Herr, ich glaube.“ Und warf sich vor ihm nieder. Jesus sagte: „Zum Gericht bin ich in die Welt gekommen. Damit die, welche nicht sehen, sehen, und die, welche sehen, blind werden.“ Das hörten einige Pharisäer, die bei ihm waren, und sagten: „Sind wir vielleicht auch blind?“ Und Jesus sagte zu ihnen: „Wäret ihr blind, so hättet ihr keine Sünde. Nun aber sprecht ihr: Wir sehen. Darum bleibt eure Sünde.“

Gleichnisse / Jesus der gute Hirte

Wahrlich, wahrlich, ich sage euch: „Wer nicht durch die Tür in den Schafstall eintritt, sondern anderswo einsteigt, der ist ein Dieb und ein Räuber. Wer aber durch die Tür eintritt, der ist ein Hirte der Schafe. Dem öffnet der Türhüter, und die Schafe hören seine Stimme. Er ruft seine Schafe mit Namen und führt sie heraus. Hat er seine Schafe herausgelassen, so geht er vor ihnen her, und die Schafe folgen ihm nach, denn sie kennen seine Stimme. Einem Fremden aber folgen sie nicht nach, sondern sie fliehen vor ihm, denn die Stimme des Fremden kennen sie nicht.“ Sie aber verstanden nicht, was er ihnen damit sagen wollte. Darum sprach Jesus weiter zu ihnen: „Wahrlich, wahrlich, ich sage euch: Ich bin die Tür zu den Schafen. Alle die bisher kamen, sind Diebe und Räuber, und die Schafe hörten nicht auf sie. Ich bin die Tür. Wer durch mich eingeht, dem wird geholfen sein. Er wird eingehen und ausgehen, und er wird Weide finden. Der Dieb kommt nur, um zu stehlen, zu töten und zu verderben. Ich bin gekommen, damit sie Leben haben, und es reichlich haben.

Ich bin der gute Hirte. Der gute Hirte gibt sein Leben für seine Schafe. Der Mietling aber, der kein Hirte ist und dem die Schafe nicht gehören, sieht den Wolf kommen, lässt die Schafe im Stich und flieht. Und der Wolf fällt die Schafe an und jagt sie auseinander. Der Mietling aber flieht, weil er Mietling ist, und ihm nichts an den Schafen liegt. Ich bin der gute Hirte und kenne die Meinen wie mich die Meinen kennen. Wie mich der Vater kennt, und ich den Vater kenne. Ich gebe mein Leben für meine Schafe. Ich habe noch andere Schafe, die nicht aus diesem Schafstall sind. Auch sie muss ich herführen. Sie werden meine Stimme hören, und es wird eine Herde und ein Hirte sein. Der Vater liebt mich deshalb, weil ich mein Leben hingebe, um es wieder zu gewinnen. Niemand nimmt es von mir, sondern ich gebe es freiwillig hin. Ich habe die Macht es hinzugeben, und ich habe die Macht, es wieder zu gewinnen. Diesen Auftrag habe ich von meinem Vater erhalten." Wegen dieser Reden wurden die Juden wieder uneins. Viele von ihnen sagten nämlich: „Er ist besessen und wahnsinnig. Warum hört ihr ihm eigentlich zu?" Andere sagten: „Das sind nicht die Worte eines

Besessenen. Kann denn ein böser Geist Blinden die Augen öffnen?“

Die Rede Jesu am Fest der Tempelweihe / Die Einheit des Sohnes mit dem Vater

Es kam nun das Fest der Tempelweihe in Jerusalem. Es war Winter. Da ging Jesus im Tempel in der Halle Salomons umher. Die Juden umringten ihn und sprachen: „Wie lange hältst du uns noch in Unsicherheit? Wenn du der Messias bist, dann sage es uns offen!“ Jesus antwortete: „Ich sagte es euch, aber ihr glaubt es nicht. Die Werke, die ich im Namen meines Vaters wirke, die geben von mir Zeugnis. Ihr aber glaubt nicht, weil ihr nicht von meinen Schafen seid. Meine Schafe hören meine Stimme. Ich kenne sie, und sie folgen mir nach. Ich gebe ihnen das ewige Leben. Sie werden in Ewigkeit nicht verloren gehen, und niemand wird sie meiner Hand entreißen. Mein Vater, der sie mir gegeben hat, ist mächtiger als alle, und niemand vermag sie der Hand meines Vaters zu entreißen. Ich und der Vater sind eins.“ Da hoben die Juden wieder Steine auf, um ihn zu steinigen. Jesus sagte: „Viele gute Werke habe ich euch von meinem Vater her gezeigt. Für welche dieser Werke steinigt ihr mich?“ Die Juden erwiderten: „Wegen eines guten Werkes steinigen wir dich nicht, sondern wegen der Gotteslästerung. Weil du dich selbst zu Gott machst, da du doch ein Mensch bist.“ Jesus entgegnete: „Steht nicht in eurem Gesetz geschrieben: ‹Ich sprach: Götter seid ihr›? Wenn er also die Götter nennt, an welche das Wort Gottes ergangen ist, und wenn die Schrift nicht ungültig werden kann, warum sagt ihr dann zu dem, den der Vater geheiligt und in die Welt gesandt hat: Du lästerst Gott. Weil ich sagte: Ich bin Gottes Sohn? Wenn ich die Werke meines Vaters nicht tue, so glaubt ihr mir nicht. Wenn ich sie aber tue, und ihr mir nicht glauben wollt, so glaubt doch den Werken, damit ihr erkennt und einseht, dass der Vater in mir ist und ich im Vater bin." Da suchten sie wieder, ihn zu ergreifen.

Jesus im Ostjordanland

Er aber entzog sich ihren Händen und begab sich wieder über den Jordan an den Ort, wo Johannes zuerst getauft hatte. Dort blieb er. Viele kamen zu ihm und sprachen: „Johannes hat zwar keine Wunder gewirkt, aber alles, was Johannes von diesem gesagt hat, ist wahr gewesen." Und viele kamen dort zum Glauben an ihn.

Krankheit und Tod des Lazarus / Seine Auferweckung

Ein gewisser Lazarus aus Bethanien, dem Dorf Marias und ihrer Schwester Martha, war krank. Das war jene Maria, welche den Herrn mit Öl gesalbt und seine Füße mit ihren Haaren getrocknet hatte. Ihr Bruder Lazarus war nun krank. Die Schwestern schickten zu ihm hin und ließen ihm sagen: „Herr, siehe, den du lieb hast, der ist krank." Jesus antwortete auf die Botschaft: „Diese Krankheit führt nicht zum Tod, sondern zur Ehre Gottes. Der Sohn Gottes soll durch sie verherrlicht werden."

Jesus liebte die Martha, ihre Schwester Maria und den Lazarus. Da er nun hörte, Lazarus sei krank, blieb er noch zwei Tage an demselben Ort. Als diese um waren, sprach er zu seinen Jüngern: „Wir wollen nach Judäa zurückkehren.“ Da sagten die Jünger: „Eben wollten dich die Juden steinigen, und nun gehst du wieder hin?“ Jesus antwortete: „Hat der Tag nicht 12 Stunden? Wenn jemand bei Tag umhergeht, stößt er nicht an, weil er das Licht dieser Welt sieht. Wenn er aber bei Nacht umhergeht, stößt er an, weil kein Licht da ist.“ So sprach er. Darauf fuhr er fort: „Unser Freund Lazarus schläft. Allein ich gehe hin, um ihn vom Schlaf aufzuwecken.“ Da sagten seine Jünger: „Herr, wenn er schläft, wird er gesund werden.“ Jesus hatte aber von seinem Tod gesprochen. Sie aber glaubten, er rede von der Ruhe des Schlafes. Deshalb sprach Jesus jetzt offen zu ihnen: „Ich freue mich um euretwillen, dass ich nicht dort war - damit ihr glaubt. Lasst uns nun zu ihm gehen!“ Thomas, der Zwilling genannt wurde, sagte zu den anderen Jüngern: „Lasst uns mitgehen, um mit ihm zu sterben.“

Als Jesus ankam, fand er ihn bereits 4 Tage im Grab liegen. Bethanien liegt nahe bei Jerusalem, etwa 10 km entfernt. Viele von den Juden waren zu Martha und Maria gekommen, um sie wegen ihres Bruders zu trösten. Als nun Martha von der Ankunft Jesu hörte, eilte sie ihm entgegen. Maria dagegen blieb zu Hause. Martha sprach zu Jesus: „Herr, wärst du hier gewesen, so wäre mein Bruder nicht gestorben. Aber auch jetzt weiß ich, dass Gott dir alles geben wird, um was du ihn bittest.“ Jesus erwiderte ihr: „Dein Bruder wird auferstehen.“ Martha sagte darauf: „Ich weiß, dass er auferstehen wird bei der Auferstehung am jüngsten Tag.“ Jesus sprach: „Ich bin die Auferstehung und das Leben. Wer an mich glaubt, wird leben, auch wenn er gestorben ist. Und jeder, der im Leben an mich glaubt, wird in Ewigkeit nicht sterben. Glaubst du das?“ Jene entgegnete: „Ja, Herr, ich glaube, dass du der Messias bist, der Sohn des lebendigen Gottes, der in diese Welt gekommen ist.“ Darauf ging sie weg und rief heimlich ihre Schwester Maria mit den Worten: „Der Meister ist da und ruft dich.“ Wie Maria dies hörte, stand sie schnell auf und kam zu ihm. Jesus war nämlich noch nicht in das Dorf gekommen, sondern war an dem Ort, wo Martha ihn getroffen hatte, geblieben. Als die Juden, die bei ihr im Haus waren und sie trösteten, sahen, dass Maria schnell aufstand und hinaus ging, sagten sie: „Sie geht ans Grab, um dort zu weinen“, und folgten ihr. Maria kam an den Ort, wo Jesus war, sah ihn und fiel ihm zu Füßen mit den Worten: „Herr, wärst du hier gewesen, so wäre mein Bruder nicht gestorben.“ Da Jesus sie und die Juden in ihrer Begleitung weinen sah, wurde er im Innersten erschüttert und tief erregt. Er sprach: „Wo habt ihr ihn hingelegt?“ Sie antworteten: „Herr, komm und sieh!“ Und Jesus weinte. Da sagten die Juden: „Seht, wie lieb er ihn hatte!“ Einige von ihnen aber sprachen: „Hätte der, der die Augen des Blindgeborenen öffnete, nicht machen können, dass dieser nicht sterbe?“

Jesus erschauderte aufs neue in seinem Inneren und kam ans Grab. Dies war eine Höhle und ein Stein lag davor. Jesus gebot: „Nehmt den Stein weg!“ Martha, die Schwester des Verstorbenen, entgegnete ihm: „Herr, er riecht schon, denn er ist bereits vier Tage tot.“ Jesus sprach zu ihr: „Habe ich dir nicht gesagt: Wenn du glaubst, wirst du die Herrlichkeit Gottes sehen?“ Nun hoben sie den Stein weg. Jesus aber blickte aufwärts und betete: „Vater, ich danke dir, dass du mich erhört hast. Ich wusste zwar, dass du mich immer erhörst, aber wegen des Volkes, das herumsteht, sage ich es, damit sie glauben, dass du mich gesandt hast.“ Hierauf rief er mit lauter Stimme: „Lazarus, komm heraus!“ Und sofort kam der Verstorbene heraus. Hände und Füße waren ihm mit Tüchern verbunden, und sein Gesicht war durch ein Schweißtuch verhüllt. Jesus sagte: „Macht ihn los und lasst ihn gehen!“

Viele von den Juden, die zu Martha und Maria gekommen waren, und gesehen hatten, was Jesus getan hatte, glaubten an ihn.

Einige von ihnen aber gingen zu den Pharisäern und erzählten, was Jesus getan hatte. Die Hohenpriester und Pharisäer beriefen darauf den Hohen Rat ein und sprachen: „Was tun wir, da dieser viele Wunder wirkt? Wenn wir ihn so gewähren lassen, werden alle an ihn glauben. Dann werden die Römer kommen und uns unser Land und Volk wegnehmen.“ Einer von ihnen, namens Kaiphas, der in jenem Jahr Hohenpriester war, sagte zu ihnen: „Ihr wisst nichts und bedenkt nicht, dass es für euch besser ist, wenn ein einzelner

Mensch für das Volk stirbt, als wenn das ganze Volk zugrunde geht." Das sprach er aber nicht aus sich selbst, sondern da er in jenem Jahr Hohenpriester war, weissagte er, dass Jesus für das Volk sterben würde. Und nicht allein für das Volk, sondern auch um die zerstreuten Kinder Gottes zu sammeln und zu vereinen. Von jenem Tag an waren sie entschlossen, ihn zu töten.

Jesus bewegte sich deshalb nicht mehr öffentlich unter den Juden, sondern zog sich in die Gegend nahe der Wüste zurück. In eine Stadt, die Ephraim heißt. Dort hielt er sich mit seinen Jüngern auf. Das Osterfest der Juden war nahe. Da zogen viele vor dem Osterfest vom Land nach Jerusalem hinauf, um die Reinigungsgebräuche mitzumachen. Sie suchten Jesus, standen im Tempel zusammen und sagten zueinander: „Was meint ihr? Er wird wohl nicht zum Fest kommen?" Die Hohenpriester und Pharisäer aber hatten einen Befehl erlassen: Wer wisse, wo er sei, habe es anzuzeigen, damit man ihn festnehmen könne.

Die Salbung Jesu

Sechs Tage vor dem Osterfest kam Jesus nach Bethanien, wo Lazarus wohnte, den Jesus von den Toten auferweckt hatte. Dort bereiteten sie ihm ein Gastmahl. Martha bediente und Lazarus war einer von denen, die mit ihm zu Tisch saßen. Maria aber nahm ein Pfund sehr kostbarer Salbe von echter Narde, salbte die Füße Jesu und trocknete sie mit ihren Haaren. Das Haus wurde mit dem Geruch der Salbe erfüllt. Da sprach einer von seinen Jüngern, Judas Iskariot, der ihn verraten sollte: „Warum hat man die Salbe nicht um 300 Dinar verkauft und diese den Armen gegeben?“ Das sagte er aber nicht, weil ihm an den Armen etwas gelegen war, sondern weil er ein Dieb war, die Kasse der Gemeinschaft führte und von dem, was hineingelegt wurde, unterschlug. Jesus erwiderte: „Lasst sie, damit sie dies am Tag meines Begräbnisses verbrauchen kann. Arme habt ihr immer bei euch, mich aber habt ihr nicht immer“.

Eine große Zahl der Juden erfuhr, dass er dort sei, und sie kamen nicht allein um Jesu willen, sondern um den Lazarus zu sehen, den er von den Toten auferweckt hatte. Die Hohenpriester dachten deshalb daran, auch den Lazarus zu töten. Denn um seinetwillen gingen viele Juden hin und glaubten dann an Christus.

Jesu Einzug in Jerusalem

Am nächsten Tag ging eine große Menge, die zum Fest gekommen war und gehört hatte, dass Jesus nach Jerusalem komme, ihm mit Palmzweigen in den Händen entgegen. Und sie riefen: „Hosianna, gebenedeit sei, der da kommt im Namen des Herrn, der König Israels!“ Jesus fand einen jungen Esel und setzte sich drauf, wie geschrieben steht: „Fürchte dich nicht, Tochter Sions! Siehe, dein König kommt, sitzend auf dem Füllen einer Eselin.“ Das verstanden seine Jünger anfangs nicht. Als aber Jesus verherrlicht war, da erinnerten sie sich, dass dies von ihm geschrieben steht, und dass sie dies an ihm getan hätten. Das Volk, das bei ihm gewesen war, als er den Lazarus aus dem Grab gerufen und von den Toten auferweckt hatte, legte Zeugnis davon ab. Und die Menge ging ihm entgegen, weil sie gehört hatten, er habe dieses Wunderzeichen gewirkt. Die Pharisäer aber sprachen zueinander: „Da seht ihr, dass wir nichts ausrichten. Seht, die ganze Welt läuft ihm nach."

Letzte Rede Jesu im Tempel

Unter den Festpilgern, die gekommen waren, um Gott anzubeten, waren auch einige Griechen. Das waren Heiden, denen das Heidentum aber nicht mehr genügte. Als ehrliche Sucher nach der Wahrheit ließ Gott sie den Weg zu Christus finden.

Diese gingen zu Philippus, der aus Bethsaida in Galiläa war, und baten ihn: „Herr, wir möchten Jesus sehen." Philippus sprach darüber mit Andreas, und Andreas und Philippus meldeten es Jesus. Da sprach Jesus: „Die Stunde ist gekommen, dass der Menschensohn verherrlicht werde. Wahrlich, wahrlich, ich sage euch: Wenn das Weizenkorn nicht in die Erde fällt und stirbt, so bleibt es allein. Wenn es aber stirbt, bringt es viel Frucht. Wer sein Leben liebt, der wird es verlieren. Wer aber sein Leben in dieser Welt hasst, der wird es für das ewige Leben bewahren. Wenn jemand mir dienen will, der folge mir nach. Und wo ich bin, da soll auch mein Diener sein. Wenn jemand mir dient, den wird mein Vater ehren. Nun ist meine Seele betrübt, und was soll ich sagen? Vater rette mich aus dieser Stunde! Doch deshalb bin ich in diese Stunde eingetreten: Vater verherrliche deinen Namen!“ Da kam eine Stimme vom Himmel: „Ich habe dich verherrlicht und werde dich wieder verherrlichen.“ Das Volk, das dastand und dies hörte, sprach: „ Es hat gedonnert.“ Andere sagten: „Ein Engel hat mit ihm geredet.“ Jesus aber antwortete: „Nicht um meinetwillen ist diese Stimme gekommen, sondern um euretwillen. Jetzt ist das Gericht der Welt. Jetzt wird der Herrscher dieser Welt hinausgeworfen werden. Ich aber, wenn ich erhöht sein werde von der Erde, werde alle zu mir ziehen.“ Dies sagte er, um die Art seines Todes anzudeuten.

Der Herrscher dieser Welt ist der Widersacher Gottes und der Gegenspieler Christi. Durch Christi Tod am Kreuz wird dessen Macht vernichtet und gleichzeitig die des Christus auf der Erde und im Himmel erhöht.

Das Volk erwiderte: „Wir haben aus dem Gesetz gehört, dass der Messias ewig bleibe. Wie sagst du nun: Der Menschensohn muss erhöht werden? Wer ist dieser Menschensohn?“ Jesus sprach: „Noch eine kleine Weile ist das Licht bei euch. Wandelt darin, solange ihr das Licht habt! Damit die Finsternis euch nicht überfalle. Wer in der Finsternis wandelt, weiß nicht, wo er hingeht. Glaubt an das Licht, solange ihr das Licht habt, damit ihr Kinder des Lichts seid.“ Also sprach Jesus. Dann ging er weg und verbarg sich vor ihnen.

Unglaube und Glaube bei den Juden

Obwohl Jesus so große Wunder vor den Juden gewirkt hatte, glaubten sie nicht an ihn.

So sollte das Wort des Propheten Isaias in Erfüllung gehen: „Oh Herr, wer hat unserer Verkündigung geglaubt? Und wem ist der Arm des Herrn offenbar gemacht?" Sie konnten nicht glauben, denn wiederum hat Isaias gesagt: „Er hat ihre Augen verblendet und ihr Herz verhärtet, dass sie nicht sehen mit ihren Augen und nicht einsehen mit ihrem Herzen, noch sich bekehren, und dass ich sie heile."

So sagte Isaias, da er seine Herrlichkeit schaute und von ihm sprach. Doch glaubten selbst viele von den führenden Personen an ihn, doch bekannten sie das der Pharisäer wegen nicht offen, um nicht aus der Synagoge ausgestoßen zu werden. Denn sie schätzten die Ehre bei den Menschen höher als die Ehre bei Gott.

Abschluss von Jesu göttlicher Sendung

Jesus aber rief also: „Wer an mich glaubt, glaubt nicht an mich, sondern an den, der mich gesandt hat. Und wer mich sieht, sieht den, der mich gesandt hat. Ich bin als Licht in die Welt gekommen, damit jeder, der an mich glaubt, nicht in der Finsternis bleibt. Wenn jemand mein Wort hört, aber nicht befolgt, so richte nicht ich ihn. Denn ich bin nicht gekommen, um die Welt zu richten, sondern um die Welt selig zu machen. Wer mich verachtet und meine Worte nicht annimmt, der hat seinen Richter. Das Wort, das ich gesprochen habe, das wird ihn richten am jüngsten Tag. Denn ich habe nicht aus mir selbst geredet, sondern der Vater, der mich gesandt hat, hat mir geboten, was ich reden und verkünden soll. Und ich weiß, dass sein Gebot das ewige Leben ist. Alles, was ich also rede, rede ich so, wie es mir der Vater gesagt hat."

Der Abschied Jesu von seinen Jüngern
Das Abschiedsmahl
Die Fußwaschung

Das Passahfest war nahe. Jesus wusste, dass seine Stunde gekommen war, dass er aus dieser Welt zum Vater gehen sollte. Und da er die Seinen, die in der Welt waren, liebte, so liebte er sie bis zur Vollendung, bis zuletzt, bis zum Äußersten.

Das Ostermahl hatte begonnen, und schon hatte der Teufel dem Judas, dem Sohn des Simon Iskariot, ins Herz eingegeben, Jesus zu verraten. (In Judas war die Macht des Satans am Werk). Jesus wusste, dass der Vater alles in seine Hände gelegt hatte - dass er von Gott ausgegangen war und nun zu Gott zurückkehren würde.

So stand er vom Mahl auf, legte sein Oberkleid ab und umgürtete sich mit einem Leinentuch. Darauf goss er Wasser in ein Becken und fing an, die Füße der Jünger zu waschen und mit dem Tuch, mit dem er umgürtet war, abzutrocknen. (Jemandem die Füße zu waschen, gehörte damals zu den Aufgaben eines Sklaven.)

So kam er auch zu Simon Petrus. Petrus aber sagte: „Herr, du wäschst mir die Füße?" Darauf entgegnete

Jesus: „Was ich tue, verstehst du noch nicht, wirst es aber nachher verstehen.“ Darauf Petrus: „In Ewigkeit sollst du mir die Füße nicht waschen.“ Jesus erwiderte: „Wenn ich dich nicht wasche, wirst du keinen Anteil an mir haben.“ Da rief Petrus aus: „Herr, nicht allein meine Füße, sondern auch die Hände und das Haupt.“ Jesus sagte zu ihm: „Wer schon gewaschen ist, hat nur nötig, die Füße zu waschen. Dann ist er ganz rein. Auch ihr seid rein, aber nicht alle.“ Denn er wusste, wer ihn verraten würde. Darum sprach er: Ihr seid nicht alle rein.

Nach der Fußwaschung legte er wieder sein Oberkleid an, setzte sich und sagte zu ihnen: „Wisst ihr, was ich euch getan habe? Ihr nennt mich Meister und Herr, und ihr sprecht recht, denn ich bin es. Wenn nun ich, der Herr und der Meister, eure Füße gewaschen habe, dann müsst auch ihr einander die Füße waschen. Denn ich habe euch ein Beispiel gegeben, damit auch ihr tut, was ich euch getan habe. Wahrlich, wahrlich, ich sage euch: Der Knecht ist nicht größer als sein Herr, noch der Gesandte größer als der, der ihn gesandt hat. Wenn ihr dies wisst, so seid ihr selig, wenn ihr es tut. Nicht von euch allen sage ich dies. Ich kenne die, die ich erwählt habe, allein die Schrift muss erfüllt werden. Der das Brot mit mir isst, erhebt seine Ferse gegen mich. Schon jetzt sage ich es euch, ehe es geschieht, damit ihr glaubt, wenn es geschehen ist, dass ich es bin. Wahrlich, wahrlich, ich sage euch: Wer einen aufnimmt, den ich senden werde, der nimmt mich auf. Wer aber mich aufnimmt, der nimmt den auf, der mich gesandt hat.“

Beim Ostermahl war eine Tunke aus verschiedenen Früchten vorgeschrieben, Charoset genannt. Wenn der Vorsitzende einem Tischgenossen einen Bissen eintunkte und reichte, galt das als Ehrung, wie bei uns das Erheben des Glases und das Zutrinken.

Bezeichnung des Verräters

Nachdem Jesus das gesagt hatte, wurde er im Geist erschüttert und beteuerte: „Wahrlich, wahrlich, ich sage euch: Einer von euch wird mich verraten." Da schauten die Jünger einander an, zweifelnd, wen er meinte. Einer von seinen Jüngern, der, den Jesus besonders liebte, ruhte an der Brust des Jesus. Diesem winkte Simon Petrus und sagte: „Frage, wer es ist, den er meint!" Darauf lehnte sich dieser an die Brust Jesu und sagte: „Wer ist es?" Jesus antwortete: „Der ist es, dem ich den Bissen eintunken und reichen werde."

Daraufhin tunkte er den Bissen ein und reichte ihn dem Judas Iskariot, des Simon Iskariots Sohn. Und nach dem Bissen fuhr der Satan in ihn. Jesus sprach zu ihm: „Was du tun willst, das tue gleich!" Aber keiner von den Tischgenossen verstand, was er ihm damit sagen wollte. Denn einige meinten, weil Judas die Kasse führte, habe Jesus ihm mit diesen Worten sagen wollen: Kaufe, was wir zum Fest brauchen! Oder er solle den Armen etwas geben. Als nun Judas den Bissen empfangen hatte, ging er sofort hinaus. Es war aber Nacht.

Abschiedsreden:

Das neue Gebot

Als Judas hinausgegangen war, sprach Jesus: „Jetzt ist der Menschensohn verherrlicht, und Gott ist verherrlicht in ihm. Wenn Gott in ihm verherrlicht ist, dann wird Gott auch ihn in sich selbst verherrlichen, und er wird ihn alsbald verherrlichen. Kindlein, nur noch eine kleine Weile bin ich bei euch. Ihr werdet mich suchen, aber was ich den Juden sagte, das sage ich jetzt auch euch: Wo ich jetzt hingehe, da könnt ihr nicht hinkommen. Ein neues Gebot gebe ich euch: Dass ihr einander liebt! So wie ich euch geliebt habe, so sollt auch ihr einander lieben. Daran sollen alle erkennen, dass ihr meine Jünger seid, wenn ihr Liebe zueinander habt.

Jesus weissagt die Verleugnung des Petrus

Da sprach Simon Petrus zu ihm: „Herr, wo gehst du hin?“ Jesus entgegnete: „Wo ich hingehe, kannst du mir nicht nachfolgen. Du wirst aber später folgen.“ Petrus darauf: „Warum kann ich dir nicht jetzt folgen? Ich will mein Leben für dich geben.“ Jesus erwiderte: „Du willst dein Leben für mich geben? Wahrlich, wahrlich, ich sage dir: Der Hahn wird nicht krähen, ehe du mich dreimal verleugnet hast.“

Hingang zum Vater und Wiederkunft / Erste Trostrede

„Euer Herz betrübe sich nicht! Ihr glaubt an Gott. Glaubt auch an mich! Im Hause meines Vaters sind viele Wohnungen. Wäre es nicht so, so hätte ich es euch gesagt. Ich gehe hin, um euch ein Heim zu bereiten. Wenn ich hingegangen bin und euch ein Heim bereitet habe, so komme ich wieder und will euch zu mir holen, damit auch ihr seid, wo ich bin. Wohin ich gehe, wisst ihr und kennt auch den Weg."

Da sagte Thomas: „Herr, wir wissen nicht, wohin du gehst, wie können wir den Weg wissen?" Jesus erwiderte ihm: **„Ich bin der Weg, die Wahrheit und das Leben. Niemand kommt zum Vater, denn durch mich.** Hättet ihr mich erkannt, so würdet ihr auch euren Vater kennen. Von nun an werdet ihr ihn kennen, und ihr habt ihn gesehen."

Darauf sprach Philippus: „Herr, zeige uns den Vater, und es genügt uns." Jesus erwiderte ihm: „So lange schon bin ich bei euch, und du kennst mich noch nicht? Philippus, wer mich gesehen hat, hat auch den Vater gesehen. Wie kannst du da sagen: Zeige uns den Vater! Glaubst du nicht, dass der Vater in mir ist, und ich im Vater bin? Die Worte, die ich zu euch spreche, spreche ich nicht aus mir selbst, und die Werke wirkt mein Vater, der in mir ist. Glaubt mir, dass ich im Vater bin und der Vater in mir ist! Wenn nicht, dann glaubt doch um der Werke selbst willen! Wahrlich, wahrlich, ich sage euch: Wer an mich glaubt, wird die Werke, die ich wirke, selbst vollbringen, ja er wird noch größere tun als diese. Denn ich gehe zum Vater. Und ich werde tun, um was immer ihr den Vater in meinem Namen bitten werdet, damit der Vater im Sohn verherrlicht wird.

Ich werde tun, um was ihr mich in meinem Namen bitten werdet Wenn ihr mich liebt, so haltet meine

Gebote! Ich werde den Vater bitten, und er wird euch einen anderen Beistand geben, der ewig bei euch bleiben soll, den Geist der Wahrheit, den die Welt nicht empfangen kann, weil sie ihn nicht sieht und nicht kennt. Ihr aber werdet ihn kennen, denn er wird dauernd in euch weilen. Ich werde euch nicht als Waisen zurücklassen. Ich werde zu euch kommen. Noch eine kleine Weile, und die Welt sieht mich nicht mehr.

Ihr aber seht mich, denn ich lebe, und ihr werdet leben. An jenem Tag werdet ihr erkennen, dass ich in meinem Vater bin und ihr in mir und ich in euch. Wer meine Gebote hat und sie hält, der ist es, der mich liebt. Wer aber mich liebt, den liebt mein Vater, und ich werde ihn lieben und mich ihm offenbaren." Darauf sagte Judas, nicht der Iskariot: „Herr, was ist geschehen, dass du dich uns offenbaren willst und nicht der Welt?" Jesus erwiderte: „Wenn jemand mich liebt, so wird er mein Wort halten, mein Vater wird ihn lieben, wir werden zu ihm kommen und Wohnung bei ihm nehmen. Wer mich nicht liebt, hört meine Worte nicht. Das Wort aber, das ihr hört, ist nicht mein Wort, sondern das Wort des Vaters, der mich gesandt hat.

Verleihung des Friedens

Das habe ich zu euch gesprochen, da ich noch bei euch bin. Der Beistand aber, der Heilige Geist, den der Vater in meinem Namen senden wird, der wird euch alles lehren und euch an alles erinnern, was ich zu euch gesagt habe. Frieden hinterlasse ich euch, meinen Frieden gebe ich euch - nicht wie die Welt ihn gibt, gebe ich ihn euch.

Euer Herz betrübe sich nicht und fürchte sich nicht. Ihr habt gehört, dass ich euch sagte: Ich gehe hin und komme wieder zu euch. Wenn ihr mich lieben würdet, so müsstet ihr euch doch freuen, dass ich zum Vater gehe, denn der Vater ist größer als ich. Nun habe ich es euch gesagt, ehe es geschieht, damit ihr glaubt, wenn es geschehen ist. Nicht mehr vieles werde ich mit euch sprechen können, denn es kommt der Fürst dieser Welt, aber an mir hat er keinen Teil. Die Welt aber soll erkennen, dass ich den Vater liebe und tue, was mir der Vater geboten hat. Steht auf und lasst uns von hier fortgehen."

Jesus, der wahre Weinstock / Zweite Trostrede

„Ich bin der wahre Weinstock, und mein Vater ist der Winzer. Jede Rebe an mir, die keine Frucht bringt, wird er wegnehmen und jede, die Frucht bringt, wird er reinigen, damit sie noch mehr Frucht bringen kann. Ihr seid jetzt rein, wegen der Lehre, die ich euch gegeben habe. Bleibt in mir, und ich bleibe in euch! Wie die Rebe aus sich selbst keine Frucht bringen kann, wenn sie nicht am Weinstock bleibt, so auch ihr nicht, wenn ihr nicht in mir bleibt. Ich bin der Weinstock, ihr seid die Reben. Wer in mir bleibt, und ich in ihm, der bringt viele Frucht, denn getrennt von mir könnt ihr nichts tun. Wenn jemand nicht in mir bleibt, so wird er wie ein Rebzweig hinausgeworfen, und er verdorrt. Man liest ihn auf, wirft ihn ins Feuer und er verbrennt. Wenn ihr in mir bleibt und meine Worte in euch bleiben, so mögt ihr bitten, um was ihr nur wollt, und es wird euch zuteil werden. Dadurch ist mein Vater verherrlicht, dass ihr viele Frucht bringt, und euch als meine Jünger erweist.

Das Gebot der Liebe

Wie der Vater mich geliebt hat, so habe ich euch geliebt. Wenn ihr meine Gebote haltet, so bleibt ihr in meiner Liebe, so wie ich die Gebote meines Vaters gehalten habe, und ich in seiner Liebe bleibe. Dies habe ich euch gesagt, damit meine Freude in euch ist und eure Freude vollkommen sei. **Das ist mein Gebot, dass ihr einander liebt, so wie ich euch geliebt habe.** Eine größere Liebe hat niemand, als wenn er sein Leben hingibt für seine Freunde. Ihr seid meine Freunde, wenn ihr tut, was ich euch heiße zu tun. Ich nenne euch nicht mehr Diener, denn der Diener weiß nicht, was sein Herr tut. Ich nenne euch Freunde, denn ich habe euch alles geoffenbart, was ich von meinem Vater gehört habe. Nicht ihr habt mich erwählt, sondern ich habe euch dazu bestellt, dass ihr hingeht und Frucht bringt, und eure Frucht andauert, damit der Vater euch alles geben kann, um was ihr ihn in meinem Namen bittet. Dies trage ich euch auf: Liebet einander!

Das Schicksal der Jünger

Wenn die Welt euch hasst, so wisst, dass sie mich vor euch gehasst hat. Wärt ihr von der Welt, so würde die Welt das Ihrige lieben. Weil ihr aber nicht von der Welt seid, sondern ich euch aus der Welt weggenommen habe, darum hasst euch die Welt. Denkt an meine Worte, die ich zu euch gesprochen habe: Ein Diener ist nicht größer als sein Herr. Haben sie mich verfolgt, so werden sie auch euch verfolgen. Haben sie mein Wort gehalten, so werden sie auch euer Wort halten. Dies alles werden sie um meines Namens Willen tun, weil sie den, der mich gesandt hat, nicht kennen. Wäre ich nicht gekommen und hätte zu ihnen geredet, so hätten sie keine Sünde. Nun aber haben sie keine Entschuldigung mehr für ihre Sünde. Wer mich hasst, der hasst auch meinen Vater. Wenn ich unter ihnen nicht die Werke getan hätte, die kein anderer je tat, so hätten sie keine Sünde. Nun aber haben sie diese gesehen und hassen trotzdem sowohl mich als auch meinen Vater. Aber es musste das Wort erfüllt werden, das in ihrem Gesetz geschrieben steht: Sie haben mich gehasst ohne Ursache. Wenn aber der Beistand kommen wird, den ich vom Vater senden werde: den Geist der Wahrheit, der vom Vater ausgeht, der wird von mir Zeugnis geben, weil ihr von Anfang an bei mir seid.

Das habe ich euch gesagt, damit ihr nicht irre werdet. Sie werden euch aus der Synagoge ausstoßen, ja es kommt die Stunde, da jeder, der euch tötet, glaubt, Gott einen Dienst zu tun. Das alles werden sie euch antun. Weil sie weder den Vater noch mich kennen. Dies habe ich euch gesagt, damit ihr daran denkt, dass ich es euch gesagt habe, wenn die Stunde dafür kommt. Von Anfang an habe ich euch das nicht gesagt, weil ich bei euch war. Nun aber gehe ich zu dem, der mich gesandt hat, und keiner von euch fragt mich:

Wohin gehst du? Sondern Traurigkeit hat euer Herz erfüllt, weil ich euch das gesagt habe.

Trost des Heiligen Geistes

Doch ich sage euch die Wahrheit: Es ist gut für euch, dass ich zum Vater hingehe. Denn wenn ich nicht zu ihm hingehe, so wird der Beistand nicht zu euch kommen. Wenn ich aber hingehe, so werde ich ihn zu euch senden. Wenn jener kommt, wird er die Welt überführen und aufdecken, was Sünde, was Gerechtigkeit und was Gericht ist. Sünde: weil sie nicht an mich geglaubt haben. Gerechtigkeit: weil ich zum Vater gehe, und ihr mich nicht mehr sehen werdet. Gericht: dass der Fürst dieser Welt schon gerichtet ist. Ich habe euch noch vieles zu sagen, aber ihr könnt es jetzt noch nicht tragen. Doch wenn jener Geist der Wahrheit kommen wird, wird er euch in die ganze Wahrheit führen. Denn er wird nicht von sich selbst reden, sondern er wird reden, was er hört, und euch verkünden, was kommen wird. Er wird mich verherrlichen, denn er wird von dem nehmen, was mein ist und euch verkünden. Alles, was der Vater hat, ist mein: Darum habe ich gesagt: Er wird von dem Meinigen nehmen, und es euch verkünden. D.h.: Der Heilige Geist setzt das Werk Christi fort. In seinem Licht muss die Welt erkennen, dass es Sünde ist, Christus abzulehnen, der die gerechteste Sache auf Erden vertreten hat und doch gekreuzigt wurde. Ein strenges Gericht ist die notwendige Folge.

Der Schmerz der Trennung und die Freude des Wiedersehens

Eine kleine Weile, und ihr werdet mich nicht mehr sehen, und wiederum eine kleine Weile, und ihr werdet mich wiedersehen. Denn ich gehe zum Vater." Da sagten einige seiner Jünger zueinander: „Was heißt das, was er da zu uns sagte: Eine kleine Weile und ihr werdet mich nicht mehr sehen, und wiederum eine kleine Weile, und ihr werdet mich wiedersehen? Denn ich gehe zum Vater?" Sie sprachen nun: „Was ist das für eine kleine Weile? Wir wissen nicht, wovon er redet." Jesus merkte, dass sie ihn fragen wollten. Darum sagte er: „Ihr fragt euch untereinander darüber, was ich da sprach: Eine kleine Weile, und ihr werdet mich nicht mehr sehen, und wiederum eine kleine Weile, und ihr werdet mich wiedersehen. Wahrlich, wahrlich, ich sage euch: Ihr werdet weinen und wehklagen, die Welt aber wird sich freuen. Ihr werdet trauern, aber eure Trauer wird sich in Freude verwandeln. Das Weib ist traurig, wenn es gebären soll, weil seine Stunde gekommen ist. Hat sie aber das Kind geboren, dann denkt sie nicht mehr an ihre Angst, aus Freude darüber, dass ein Mensch auf die Welt gekommen ist. Auch ihr seid jetzt traurig, ich werde euch aber wiedersehen, und euer Herz wird sich freuen, und diese Freude wird euch niemand nehmen. An jenem Tag werdet ihr mich nach nichts mehr fragen. Wahrlich,wahrlich, ich sage euch: Wenn ihr den Vater in meinem Namen um etwas bittet, wird er es euch geben. Bisher habt ihr um nichts in meinem Namen gebeten. Bittet, und ihr werdet empfangen, damit eure Freude vollkommen ist.

Bedrängnis und Friede

Dieses habe ich bildlich zu euch gesprochen. Es kommt die Stunde, da ich nicht mehr bildlich zu euch sprechen werde, sondern euch offen vom Vater Kunde geben werde. An jenem Tag werdet ihr in meinem Namen bitten, und ich sage euch nicht, dass ich den Vater für euch bitten werde. Denn der Vater selbst liebt euch, weil ihr mich geliebt und mir geglaubt habt, dass ich von Gott ausgegangen bin.

Blick in die Zukunft

Ich bin vom Vater ausgegangen und in die Welt gekommen. Ich verlasse die Welt wieder und gehe zum Vater zurück." Da sagten seine Jünger: „Siehe, jetzt sprichst du offen und nicht mehr bildlich. Jetzt wissen wir, dass du alles weißt und nicht nötig hast, dass dich jemand fragt. Darum glauben wir, dass du von Gott ausgegangen bist." Jesus antwortete ihnen: „Jetzt glaubt ihr? Seht, es kommt die Stunde, ja, sie ist schon gekommen, dass ihr zerstreut werdet, ein jeder in sein Zuhause, und mich allein lasst. Ich aber bin nicht allein, denn der Vater ist bei mir. Das habe ich euch gesagt, damit ihr Frieden in euch habt. In der Welt werdet ihr Drangsal haben, doch seid getrost: Ich habe die Welt überwunden." Mit ‹Welt› meint er die gottfeindliche, alles Geistige ablehnende Menschheit.

Das Abschiedsgebet des Herrn

Jesu Gebet für sich

Nach diesen Worten erhob Jesus seine Augen zum Himmel und sprach: „Vater, die Stunde ist gekommen: Verherrliche deinen Sohn, damit dein Sohn dich verherrlicht. So wie du ihm Macht gegeben hast über alle Menschen, damit er allem, was du ihm gegeben hast, ewiges Leben gebe. Das aber ist das ewige Leben, dass sie dich, den allein wahren Gott, erkennen, und Jesus Christus erkennen, den du gesandt hast. Ich habe dich auf Erden verherrlicht, ich habe das Werk vollendet, das du mir aufgetragen hast. Jetzt verherrliche auch du mich, oh Vater, mit der Herrlichkeit, die ich bei dir hatte, ehedem die Welt war!

Jesu Gebet für die Jünger

Ich habe deinen Namen den Menschen geoffenbart, die du mir aus der Welt gegeben hast. Dein waren sie, und mir hast du sie gegeben, und dein Wort haben sie bewahrt. Nun wissen sie, dass alles, was du mir gabst, von dir ist. Denn die Worte, die du mir gabst, habe ich ihnen gegeben, und sie nahmen dieselben an, und haben tatsächlich erkannt, dass ich von dir ausgegangen bin, und geglaubt, dass du mich gesandt hast. Ich bitte für sie. Nicht für die Welt bitte ich, sondern für sie, die du mir gegeben hast, denn sie sind dein. Alles, was mein ist, ist dein, und was dein ist, ist mein, und ich bin in ihnen verherrlicht. Ich bin nicht mehr in der Welt, sie aber sind in der Welt, während ich zu dir komme.

Heiliger Vater, bewahre sie in deinem Namen, den du mir gegeben hast, auf dass sie eins seien so wie wir. Solange ich bei ihnen war, habe ich sie bewahrt in deinem Namen, den du mir gegeben hast. Ich habe sie behütet und keiner ist verloren gegangen, außer dem Sohn des Verderbens (Judas), damit die Schrift erfüllt wird. Jetzt aber komme ich zu dir und spreche dies in der Welt, damit sie meine Freude vollkommen in sich haben. Ich habe ihnen dein Wort gegeben. Die Welt aber hat sie gehasst, weil sie nicht von der Welt sind, wie auch ich nicht von der Welt bin. Ich bitte nicht, du mögest sie von der Welt wegnehmen, sondern dass du sie vor dem Bösen bewahrst. Sie sind nicht von der Welt, wie auch ich nicht von der Welt bin. Heilige sie in der Wahrheit! Dein Wort ist Wahrheit. Wie du mich in die Welt gesandt hast, so habe ich auch sie in die Welt gesandt. Für sie weihe ich mich selbst, damit auch sie geweiht seien in Wahrheit.

Gebet für alle Gläubigen

Doch nicht nur für sie bitte ich, sondern auch für die, welche durch ihr Wort an mich glauben werden, damit alle eins seien, wie du, oh Vater, in mir und ich in dir, so sollen auch sie in uns eins sein, damit die Welt glaubt, dass du mich gesandt hast. Ich habe die Herrlichkeit, die du mir gegeben hast, ihnen gegeben, damit sie eins sind, wie auch wir eins sind: ich in ihnen, und du in mir, damit sie vollkommen eins seien, damit die Welt erkennt, dass du mich gesandt und sie geliebt hast, wie du auch mich geliebt hast. Vater, ich will, dass die, welche du mir gegeben hast, dort bei mir sind, wo ich bin, damit sie meine Herrlichkeit sehen, die du mir gegeben hast. Denn du hast mich geliebt vor Grundlegung der Welt. Gerechter Vater, die Welt hat dich nicht erkannt, aber ich habe dich erkannt, und diese haben erkannt, dass du mich gesandt hast, und ich habe ihnen deinen Namen kund gemacht und werde ihn weiterhin kund machen, damit die Liebe, womit du mich geliebt hast, in ihnen sei und ich in ihnen."

Jesu Leid und Tod

Die Gefangennahme Jesu

Nach diesen Worten ging Jesus mit seinen Jüngern hinaus über den Bach Kidron. Dort war ein Garten, in den er mit seinen Jüngern hineinging. Es kannte aber auch Judas, der Verräter, den Ort, denn Jesus war mit seinen Jüngern oft dorthin gegangen. Judas hatte eine Abteilung Soldaten sowie Knechte von den Hohenpriestern und Pharisäern erhalten, und sie kamen jetzt auch dorthin mit Laternen, Fackeln und Waffen. Jesus aber, der alles wusste, was über ihn kommen würde, trat vor und sprach zu ihnen: „Wen sucht ihr?“ Sie erwiderten ihm: „Jesus von Nazareth.“ Jesus antwortete: „Ich bin es.“ Auch Judas, sein Verräter, stand bei ihnen. Da Jesus ihnen nun sagt: Ich bin es, wichen sie zurück und fielen zu Boden. Da fragte er sie wieder: „Wen sucht ihr?“ Sie antworteten: „Jesus von Nazareth.“ Jesus erwiderte: „Ich habe es euch gesagt, dass ich es bin. Wenn ihr also mich sucht, dann lasst diese gehen!“ So wurde das Wort erfüllt, das er gesprochen hatte: Von denen, die du mir gegeben hast, habe ich keinen verloren. Simon Petrus, der ein Schwert bei sich hatte, zog es heraus, schlug damit nach dem Knecht des Hohenpriesters und hieb ihm das rechte Ohr ab. Der Knecht hieß Malchus. Da sprach Jesus zu Petrus: „Stecke dein Schwert in die Scheide! Soll ich den Kelch nicht trinken, den mir der Vater gegeben hat?“

Jesu Verhör vor Annas und Kaiphas
Die Verleugnung des Petrus

Die Kohorte, der Oberst und die Knechte der Juden ergriffen nun Jesus und fesselten ihn. Sie führten ihn zuerst zu Annas, denn dieser war der Schwiegervater des Kaiphas, des Hohenpriesters für jenes Jahr. Kaiphas war es, der den Juden den Rat gegeben hatte: Es ist gut, dass ein einzelner Mensch für das Volk sterbe. Simon Petrus und ein anderer - im Evangelium ungenannter Jünger, wohl der Evangelist Johannes selbst - folgten dem Jesus. Jener Jünger war dem Hohenpriester bekannt und ging mit Jesus in den Vorhof des Hohenpriesters hinein. Petrus aber stand draußen an der Tür. Da ging der andere Jünger, der dem Hohenpriester bekannt war, hinaus, sprach mit der Türhüterin und führte den Petrus herein. Da sagte die Magd an der Tür zu Petrus: „Gehörst nicht auch du zu den Jüngern dieses Menschen?“ Er sagte: „Nein.“ Die Knechte und Gerichtsdiener, die wegen der Kälte ein Kohlenfeuer angezündet hatten, standen da und wärmten sich. Zu ihnen hatte sich auch Petrus dazugestellt, um sich zu wärmen. Nun verhörte der Hohenpriester Jesus über seine Jünger und über seine Lehre. Jesus erwiderte ihm: „Ich habe öffentlich zur Welt geredet. Ich habe stets in der Synagoge und im Tempel gelehrt, wo alle Juden sich versammeln. Im Verborgenen habe ich nichts gesprochen. Was fragst du mich? Frage die, die es gehört haben, was ich zu ihnen sagte! Siehe, diese wissen, was ich gesagt habe.“ Auf diese Rede gab einer der Knechte, der dabeistand, Jesus eine Ohrfeige und sprach: „Antwortest du so dem Hohenpriester?“ Jesus entgegnete: „Habe ich unrecht geredet, so beweise es, das es unrecht war! Habe ich aber recht geredet, warum schlägst du mich?“ Nun schickte ihn Annas gebunden zum Hohenpriester Kaiphas. Simon Petrus aber stand noch da und wärmte sich. Nun sprachen sie zu ihm: „Bist nicht auch du einer von seinen Jüngern?“ Er leugnete und sprach: „Ich bin es nicht.“ Da sagte einer von den Knechten des Hohenpriesters, ein Verwandter dessen, dem Petrus das Ohr abgehauen hatte: „Habe ich dich nicht im Garten mit ihm gesehen?“ Wiederum leugnete der Petrus, und sogleich krähte der Hahn.

Verhör durch den römischen Richter Pontius Pilatus
Sie führten nun Jesus von Kaiphas in das Prätorium, das römische Gerichtsgebäude. Es war noch frühmorgens. Sie selbst gingen nicht in der Gerichtsgebäude mit hinein, damit sie sich nicht verunreinigten, sondern das Passha-Mahl noch essen konnten. Darum kam Pilatus zu ihnen heraus und sprach: „Welche Anklage habt ihr gegen diesen Menschen vorzubringen?“ Sie antworteten: „Wenn dieser kein Übeltäter wäre, so hätten wir ihn nicht vor dich gebracht.“ Hierauf sprach Pilatus: „So nehmt ihr ihn doch hin und richtet ihn nach eurem Gesetz!“ Da sagten die Juden: „Uns ist nicht gestattet, jemanden zu töten.“ So sollte sich das Wort erfüllen, das Jesus gesprochen hatte, um anzuzeigen, welches Todes er sterben werde. Pilatus ging also wieder in das Gerichtsgebäude hinein, rief Jesus vor und

sprach zu ihm: „Bist du der König der Juden?“ Jesus antwortete: „Sagst du das aus dir selbst, oder haben das andere von mir gesagt?“ Pilatus entgegnete: „Bin ich denn ein Jude? Dein Volk und die Hohenpriester haben dich mir überliefert. Was hast du getan?“ Jesus entgegnete: „Mein Reich ist nicht von dieser Welt. Wenn mein Reich von dieser Welt wäre, würden meine Diener für mich kämpfen, damit ich den Juden nicht ausgeliefert würde. Nun aber ist mein Reich nicht von hier.“ Da fragte Pilatus: „Also bist du doch ein König?“ Jesus antwortete: „Du sagst es. Ich bin ein König. Ich bin dazu geboren und dazu bin ich in die Welt gekommen, um von der Wahrheit Zeugnis abzulegen. Jeder, der aus der Wahrheit ist, hört auf meine Stimme.“ Darauf fragte Pilatus: „Was ist Wahrheit?“ Nach diesen Worten ging er wieder zu den Juden hinaus und sagte: „Ich finde keine Schuld an ihm. Es ist aber bei euch Brauch, dass ich euch auf das Osterfest hin einen frei gebe. Wollt ihr nun, dass ich euch den König der Juden frei gebe? Da schrien sie wieder alle zusammen: „Nicht diesen, sondern den Barabbas!“ Barabbas aber war ein Straßenräuber.

Geißelung und Dornenkrönung

Hierauf ließ Pilatus Jesus geißeln. Und die Soldaten flochten eine Krone aus Dornen, setzten sie ihm aufs Haupt und bekleideten ihn mit einem Purpurmantel. Sie traten zu ihm hin und sagten: „Sei gegrüßt, du König der Juden.“ Und schlugen ihm dabei ins Gesicht. Daraufhin trat Pilatus erneut hinaus und sagte: „Seht, ich führe ihn euch heraus, damit ihr erkennen könnt, dass ich keine Schuld an ihm finde.“ Jesus kam nun heraus, trug die Dornenkrone und den Purpurmantel und Pilatus sagt: „Ecce homo - seht, welch ein Mensch!“ Da die Hohenpriester und deren Diener ihn erblickten, schrien sie: „Kreuzige, kreuzige ihn!“ Pilatus erwiderte: „So nehmt ihr ihn und kreuzigt ihn! Denn ich finde keine Schuld an ihm.“ Da entgegneten die Juden: „Wir haben ein Gesetz, und nach diesem Gesetz muss er sterben, denn er hat sich selbst zum Sohn Gottes gemacht.“ Da nun Pilatus diese Worte hörte, fürchtete er sich noch mehr. Er ging in das Gerichtshaus zurück und sagte zu Jesus: „Wo bist du her?“ Jesus aber gab ihm keine Antwort. Da sagte Pilatus: „Du sprichst nicht mit mir? Weißt du nicht, dass ich die Macht habe, dich freizulassen oder dich kreuzigen zu lassen?“ Jesus antwortete: „Du hättest keine Macht über mich, wenn sie dir nicht von oben herab gegeben worden wäre. Darum hat der, der mich dir überliefert hat, eine größere Sünde begangen.“

Das Todesurteil gegen Jesus

Auf dieses hin sucht Pilatus ihn freizulassen. Die Juden aber schrien: „Wenn du diesen freilässt, bist du nicht der Freund des Kaisers. Denn jeder, der sich zum König macht, widersetzt sich dem Kaiser.“ Da nun Pilatus das hörte, ließ er Jesus hinausführen und setzte sich auf den Richterstuhl an dem Ort, der Lithostrotos, auf hebräisch Gabbata heißt. Es war aber der Rüsttag des Passha-Festes, etwa um die 6. Stunde. Er sprach zu den Juden: „Seht da, euer König!“ Da schrien sie: „Hinweg! Hinweg! Kreuzige ihn!“ Pilatus entgegnete: „Euren König soll ich kreuzigen?“ Die Hohenpriester antworteten: „Wir haben keinen König ausser dem Kaiser.“

Die Kreuzigung Jesu

Jetzt übergab Pilatus ihnen Jesus zur Kreuzigung. Sie ergriffen ihn und führten ihn hinaus. Jesus trug sein Kreuz und ging hinauf zu dem Ort, der Schädelstätte heißt, auf hebräisch Golgatha. Dort kreuzigten sie ihn und mit ihm zwei andere rechts und links von ihm, Jesus aber in der Mitte. Pilatus hatte auch eine Aufschrift abgefasst und oben am Kreuz anheften lassen. Sie lautete:

Jesus von Nazareth, der König der Juden.

Diese Aufschrift war hebräisch, griechisch und lateinisch abgefasst. Viele Juden lasen sie, denn der Ort, wo Jesus gekreuzigt wurde, war nahe bei der Stadt. Darum sagten die Hohenpriester der Juden zu Pilatus: „Schreibe nicht: *Der König der Juden, sondern: Er hat gesagt: Ich bin der König der Juden.*“ Pilatus antwortete ihnen: „Was ich geschrieben habe, bleibt geschrieben.“

Als nun die Soldaten Jesus gekreuzigt hatten, nahmen sie seine Kleider und teilten sie in 4 Teile, für jeden Soldaten einen Teil, und dazu den Leibrock. Dieser aber war ohne Naht, von oben an ganz durchgewebt.

Darum sagten sie zueinander: „Wir wollen ihn nicht zerreißen, sondern um ihn losen, wem er gehören soll." So sollte das Schriftwort in Erfüllung gehen: *Sie haben meine Kleider unter sich verteilt und über mein Gewand das Los geworfen.* So taten die Soldaten. Unter dem Kreuz des Jesus standen seine Mutter, die Schwester seiner Mutter, Maria, des Kleophas Weib, und Maria Magdalena. Da nun Jesus seine Mutter und den Jünger, den er liebte, dastehen sah, sprach er zu seiner Mutter: „Siehe da, deinen Sohn!" Darauf sprach er zu dem Jünger: „Siehe da, deine Mutter!" Und von dieser Stunde an nahm sie der Jünger zu sich.

Der Tod Jesu

Weil Jesus wusste, dass nun alles vollbracht war, sprach er, damit die Schrift erfüllt würde: „Mich dürstet." Es stand nun ein Gefäß mit Essig da. Sie nahmen einen Schwamm voll Essig, steckten ihn auf einen Hysopstengel und brachten ihn an seinen Mund. Jesus empfing den Essig und sprach: „Es ist vollbracht." Darauf neigte er sein Haupt und gab den Geist auf.

Weil es nun Rüsttag vor dem Sabbat und jener Sabbat bei den Juden ein hohes Fest war, wollten die Juden nicht, dass die Leiber am Sabbat am Kreuz blieben. Darum baten sie den Pilatus, er möge ihnen die Schenkel zerschlagen lassen, und sie wegschaffen lassen. Nun kamen die Soldaten und zerschlugen die Schenkel der beiden, die mit ihm gekreuzigt worden waren. Als sie aber zu Jesus kamen und sahen, dass er bereits tot war, zerschlugen sie seine Schenkel nicht, sondern einer der Soldaten durchstach mit einer Lanze seine Seite, und zugleich floss Blut und Wasser heraus. Der dies sah (der Evangelist Johannes), bezeugt es, und sein Zeugnis ist wahrhaftig. Er weiß, dass er die Wahrheit sagt, damit auch ihr glaubt. Denn dies ist geschehen, damit die Schrift in Erfüllung geht: „Ihr sollt kein Bein an ihm zerbrechen." Und eine andere Schriftstelle sagt: „Sie werden schauen auf den, den sie durchbohrt haben."

Jesu Grablegung
Joseph von Arimathäa, der ein Jünger Jesu war, und zwar aus Furcht vor den Juden im geheimen, bat den Pilatus, den Leib Jesu abnehmen zu dürfen. Pilatus gestattete es. Darum ging er hin und nahm den Leib Jesu ab. Auch Nikodemus, der einst bei Nacht zum ersten Mal zu Jesus gekommen war, kam und brachte eine Mischung von Myrrhe und Aloe mit, gegen 100 Pfund. Nun nahmen sie den Leib Jesu und umbanden ihn samt den Spezereien mit leinenen Tüchern, wie es bei den Juden Brauch ist bei einer Bestattung. An dem Ort, wo er gekreuzigt wurde, war ein Garten, und in dem Garten eine neue Gruft, in die noch nie jemand gelegt worden war. Dorthin legten sie Jesus wegen des Rüsttags der Juden, weil die Gruft in der Nähe war.

Erscheinung des Auferstandenen vor den Jüngern

Petrus und Johannes am Grab

Am ersten Tag der Woche, früh am Morgen, als es noch finster war, kam Maria Magdalena an das Grab und sah den Stein vom Eingang des Grabes weggewälzt. Da lief sie schnell zu Simon Petrus und zu dem anderen Jünger, den Jesus lieb hatte, und sprach zu ihnen: „Sie haben den Herrn aus dem Grab genommen, und wir wissen nicht, wohin sie ihn gelegt haben." Petrus und der andere Jünger gingen hinaus und kamen zum Grab. Beide liefen dabei um die Wette. Jener andere Jünger lief dabei aber schneller als Petrus und kam zuerst zum Grab. Er bückte sich und sah die leinernen Tücher daliegen, ging aber nicht hinein. Darauf kam Simon Petrus ihm nach. Der ging in das Grab hinein und sah die Tücher daliegen, samt dem Schweißtuch, das auf seinem Haupt gelegen hatte. Das lag nicht bei den anderen Tüchern, sondern zusammengewickelt an einem Ort für sich. Da ging auch der Jünger, der zuerst an die Gruft gekommen war, in die Gruft hinein, sah und glaubte. Denn bisher hatten sie die Schrift, dass er von den Toten auferstehen müsse, noch nicht erfasst. Da gingen die Jünger wieder weg nach Hause.

Jesus erscheint der Maria Magdalena

Maria aber stand vor der Gruft und weinte. Weinend blickte sie sich um und schaute in die Gruft hinein. Da sah sie zwei Engel in weißen Kleidern dasitzen, wo der

Leib des Jesus gelegen hatte, der eine zu Häupten, den anderen zu Füßen. Sie sprachen zu ihr: „Weib, warum weinst du?“ Sie erwiderte: „Weil sie meinen Herrn weggenommen haben, und ich nicht weiß, wo sie ihn hingelegt haben.“ Nach diesen Worten wandte sie sich um und erblickte Jesus, der dastand. Sie wusste aber nicht, dass es Jesus war. Jesus sagte: „Weib, warum weinst du? Wen suchst du?“ Sie meinte, es wäre der Gärtner und sprach zu ihm: „Herr, wenn du ihn weggenommen hast, dann sage mir, wo du ihn hingelegt hast, und ich will ihn holen.“ Da sagte Jesus zu ihr: „Maria!“ Sie wandte sich um und rief auf hebräisch: „Rabbuni!“ Das heißt: Lehrer. Jesus entgegnete ihr: „Rühre mich nicht an, denn ich bin noch nicht aufgefahren zum Vater. Gehe vielmehr zu meinen Brüdern und sage ihnen: Ich fahre hinauf zu meinem Vater und zu eurem Vater, zu meinem Gott und zu eurem Gott.“ Maria Magdalena ging hin und verkündete den Jüngern: „Ich habe den Herrn gesehen und Folgendes hat er zu mir gesagt.“

Jesus erscheint den Aposteln

Am Abend jenes Tages, dem ersten der Woche, als die Jünger versammelt waren und die Türen aus Furcht vor den Juden verschlossen hatten, kam Jesus, stand mitten unter ihnen und sprach zu ihnen: „Friede sei mit euch!“ Darauf zeigte er ihnen seine Hände und die Seite. Die Jünger freuten sich, da sie den Herrn sahen. Wiederum sprach Jesus: „Friede sei mit euch! Wie mich der Vater gesandt hat, so sende ich euch.“ Daraufhin hauchte er sie an und sprach: „Empfangt den Heiligen Geist! Welchen ihr die Sünden nachlassen werdet, denen sind sie nachgelassen, und welchen ihr die Sünden behalten werdet, denen sind sie behalten."

Jesus erscheint dem Thomas

Thomas, der Zwilling genannt wird, einer von den Zwölfen, war nicht bei ihnen, als Jesus kam. Die anderen Jünger sagten zu ihm: „Wir haben den Herrn gesehen." Er aber sagte: „Wenn ich nicht in seinen Händen das Mal der Nägel sehe, und meine Finger in das Mal der Nägel lege, und meine Hand in seine Seite lege, werde ich das nicht glauben."

Nach 8 Tagen waren die Jünger im Haus wieder beisammen, und Thomas bei ihnen. Da kam Jesus wiederum bei verschlossenen Türen, stand mitten unter ihnen und sprach: „Der Friede sei mit euch!" Darauf sagte er zu Thomas: „Lege deinen Finger hierher und siehe meine Hände! Nimm deine Hand und lege sie in meine Seite und sei nicht ungläubig, sondern gläubig!" Da rief Thomas aus: „Mein Herr und mein Gott!" Da sprach Jesus zu ihm: „Weil du mich gesehen hast, Thomas, glaubst du. Selig sind, die nicht sehen und dennoch glauben."

Zweck dieses Buches (das Schlusswort durch Johannes)

Noch viele andere Zeichen hat Jesus vor den Augen seiner Jünger getan, die nicht in diesem Buch stehen. Diese aber sind aufgeschrieben worden, damit ihr glaubt, dass Jesus der Messias ist, der Sohn Gottes, und damit ihr im Glauben Leben habt in seinem Namen.

Jesus erscheint den Jüngern am See Tiberias

Das und alles Folgende ist später dem Johannes-Evangelium angefügt worden:

Danach offenbarte sich Jesus wieder am See Tiberias auf folgende Weise: Simon Petrus und Thomas, der der Zwilling genannt wird, und Nathanael, der aus Kana in Galiläa war, die Söhne des Zebedäus und zwei weitere Jünger waren da beisammen. Simon Petrus sagte zu ihnen: „Ich gehe fischen." Sie sprachen: „Wir gehen mit dir." Sie gingen hinaus und bestiegen das Boot. In jener Nacht aber fingen sie nichts. Als der Morgen schon angebrochen war, stand Jesus am Ufer. Aber die Jünger merkten nicht, dass es Jesus war. Jesus sprach: „Kinder, habt ihr etwas zum Essen?" Sie antworteten ihm: „Nein." Da sprach er zu ihnen: „Werft das Netz zur Rechten des Bootes aus, so werdet ihr etwas finden." Sie warfen es aus und konnten es nicht mehr einziehen wegen der Menge der Fische. Da sagte der Jünger, den Jesus liebte, zu Petrus: „Es ist der Herr." Als Simon Petrus hörte, dass es der Herr sei, warf er sich ein Oberkleid um - denn er war nicht ganz bekleidet - und sprang in den See. Die anderen Jünger aber kamen mit dem Boot und schleppten das Netz mit den Fischen hinterher. Als sie ans Land stiegen, sahen sie ein Kohlenfeuer am Boden, darauf einen Fisch und Brot dabei. Jesus sagte zu ihnen: „Bringt von den Fischen! Bringt von den Fischen, die ihr jetzt gefangen habt!" Simon Petrus stieg hinein und zog das Netz an Land. Es war gefüllt mit 153 großen Fischen. Und obwohl es so viele waren, zerriss das Netz nicht. Nun sprach Jesus: „Kommt! Esst!" Keiner von den Jüngern wagte es, ihn zu fragen: „Wer bist du?" Denn sie wussten, dass es der Herr war. Jesus kam nun, nahm das Brot und gab es ihnen, desgleichen auch den Fisch. Dies war bereits das dritte Mal, dass sich Jesus nach seiner Auferstehung von den Toten seinen Jüngern offenbarte.

Jesus bestellt den Petrus zum Oberhirten

Nach dem Mahl sprach Jesus zu Simon Petrus: „Simon, Sohn des Johannes, liebst du mich mehr als diese?" Er antwortete: „Ja, Herr, du weisst, dass ich dich liebe." Darauf sprach Jesus: „Weide meine Lämmer! Wiederum fragte er ihn: „Simon, Sohn des Johannes, liebst du mich?" Er erwiderte: „Ja, Herr, du weißt, dass ich dich liebe." Und Jesus sprach: „Weide meine Lämmer!" Und zum dritten Mal fragte er ihn: „Simon, Sohn des Johannes, liebst du mich?" Da wurde Petrus betrübt, dass er zum dritten Mal sprach: Liebst du mich? Und sagte zu ihm: „Herr, du weißt alles, du weißt auch, dass ich dich liebe." Jesus sprach zu ihm: „Weide meine Schafe! Wahrlich, wahrlich, ich sage dir: Da du jünger warst, gürtetest du dich selbst und gingst, wohin du wolltest. Wenn du aber alt sein wirst, wirst du deine Hände ausstrecken und ein anderer wird dich gürten und führen, wohin du nicht willst." Das sagte er, um anzudeuten, durch welchen Tod er Gott verherrlichen sollte. Darauf sprach er zu ihm: „Folge mir nach!“ Petrus wandte sich um und sah den Jünger folgen, den Jesus liebte, der beim Abendmahl an seiner Brust gelegen und gefragt hatte: Herr, wer ist es, der dich verraten wird? Bei seinem Anblick sagte Petrus zu Jesus: „Herr, was wird aber mit diesem?“

Jesus entgegnete ihm: „Wenn ich will, dass er bleibt bis ich komme, was geht das dich an? Du aber folge mir nach!“ Daher ging das Gerede unter den Brüdern, dass jener Jünger nicht sterbe. Jesus aber hatte nicht zu ihm gesagt: Er stirbt nicht, sondern: Wenn ich will, dass er bleibt bis ich komme, was geht das dich an?

Zeugnis der Schüler des Johannes über den Verfasser des Evangeliums

Das ist der Jünger, der Zeugnis gibt von diesen Dingen und dies geschrieben hat. Und wir wissen, dass dieses Zeugnis wahr ist. Jesus hat aber noch viele andere Dinge getan. Wenn man diese alle aufschreiben wollte, so glauben wir, würde die Welt die Bücher nicht fassen, die man schreiben müsste.